「わだつみのこえ」148号 —— 目次

巻頭言

高橋　武智

一時中止の報も流れたが、史上はじめての米朝サミットは、中立国シンガポールで六月十二日に開催された。トランプ、金両氏は共同声明を発表、朝鮮半島の非核化をめざし努力する明確な意志を示した。もちろんその過程は今後に委ねられている。

昨日の会談が世界の、とくに東アジアの平和に大きな展望を開いたことは明白だ。

会談前は朝鮮核戦争の勃発さえ懸念された。もしそうした事態になれば、第三次世界大戦を誘発しかねなかったのである。

思い返せば、わだつみ会が発足して二カ月後に勃発した朝鮮戦争で、戦線が南北に移動するだけで決着がつかないことに苛立ったからか、当時の米大統領トルーマンは原爆使用を決定したが、それを阻んだのは、「最初に原爆を使用した国は弾劾される」というストックホルム・アピールの署名者が数億を越えていたからにちがいない。それだけでなく、国連軍司令官――なぜ米軍司令官でなかったかには、当時の国際関係の複雑な事情がからんでいた――マッカーサーが、もっぱら軍事的理由から、義勇軍を派遣した中国領内に侵攻しようとしたとき、トルーマンは彼を解任したのだった。離日の日、日本のほとんどのメディアが「マッカーサー元帥、ありがとう！」の記事を掲げたことに、ぼくは高校生ながら激しい怒りを覚えた。

『きけ　わだつみのこえ』のフランス語訳をラルテキが出したのは、朝鮮戦線を取材中負傷し、日本で療養した偶然の結果によるものだった。

＊　＊　＊

安倍晋三は自分では何一つせず、拉致問題をトランプに提起させる無様を演じた。小泉純一郎は金正日と会って、拉致でも一定の成果をあげただけでなく、「ピョンヤン宣言」という、まだ実行されていないが、重要なコースを設定することができた。安倍はその交渉に付き添っていたにもかかわらず、何ひとつ学べない政治家なのだ。戦後の分裂はもとより、すべては日本が朝鮮半島を植民地化した事実に発する。日清・日露の両戦争も、そのための戦争だった。

十二日の会談への日本市民の街頭発言をきいても、右のような認識はまったくない、浅薄きわまるものだった。このことは、日本の戦争責任追及のための私たちの努力がどれほど浅いものだったかを痛感させる。

講演　総力戦下の学生生活
―出陣学徒・林尹夫の遺稿を読む―

斉藤　利彦

用意いたしました資料に沿ってお話を進めてまいります。

冒頭の写真は、林尹夫《ただお》の戦死の一ヶ月半前に、兄克也により撮影されたもの、もう一枚は遺稿集『わがいのち月明に燃ゆ　一戦没学徒の手記』（筑摩書房、一九六七年）の表紙です。

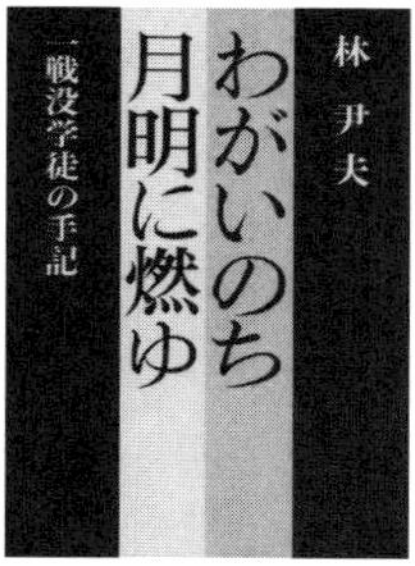

遺稿ノートの一節

軍隊内（海軍航空隊八〇一空部隊　鳥取県美保基地）で、上官の検閲の眼を逃れながら書き続けたノートの一節をまずご紹介させていただきます。

必敗の確信　ああ実に
昭和十七年頃よりの確信が
いまにして実現する
このさびしさ　誰か知ろう

南九州の制空権
すでに敵の手中にあり
我らが祖国

まさに崩壊せんとす
オプティミズムをやめよ
眼をひらけ
日本の人々よ
日本は必ず負ける
そして我ら日本人は
なんとしても　この国に
新たなる生命を吹きこみ
新たなる再建の道を
切りひらかなければならぬ

このように尹夫は早くから日本の敗戦を確信していました。そうした確信に至った知的な背景と環境、そして信念を抱きながら死んで行ったその思いを、本日は今回新たに見いだした資料を交えて報告させていただきます。

林尹夫は一九二〇年に長野県に生まれて、神奈川県で育ち、横須賀中学校から旧制第三高等学校、そして京都帝国大学へと進学し、あの一九四三年十月二十一日に学徒出陣しました。

その後の軍歴は、同年十二月九日横須賀第二海兵団に入団、翌四四年二月、土浦海軍航空隊に入隊、五月に大井航空隊に転じ、敗戦の年、四五年に木更津海軍航空隊、そして鳥取県美保海軍航空隊、さらに七月には奈良県に新設された海軍大和航空基地に転出しました。

尹夫が生きた時代は、小学校における「満州事変」、中学校での「日中事変」、高等学校での「大東亜戦争」、そして大日本帝国崩壊のなかでの自らの死に至る時期であり、まさに戦争の時代を青年として生きたのです。

尹夫は敗戦直前の一九四五年七月二十七日深夜、それは八月一五日の敗戦からほぼ二、三週間前ですが、四国沖に接近していたアメリカ海軍第三八機動部隊を偵察する出撃命令を受けました。一式陸上攻撃機で飛び立ち、夜間索敵飛行を行い、ついにアメリカ軍機動部隊の所在を確認しました。しかし援護機は一機もない状態で、米軍戦闘機による激しい追撃を浴びるに至りました。午前二時十分、室戸岬沖二六〇キロ上空で、「ツセウ」（敵戦闘機の追跡を受く）の第一電を発し、二時二十分に第二電を発してのちに、六名の搭乗員とともに消息を絶っています。当時、一式陸上攻撃機は、ワンショット・ライターと呼ばれるほどの、一撃でたちまち炎上し撃墜されてしまう機体であったと言います。

この林尹夫の遺稿は、『きけ わだつみのこえ』にも『はるかなる山河に』にも掲載されておりません。しかし、一九六七年に兄・林克也が編集した『わがいのち月明に燃ゆ』で広く知られるところとなりました。
そこには戦争という時代と対峙しながら知的探究の歩みを進め、激しい葛藤の中で真摯に自己形成を遂げていった青年の生きざま、すなわち国家と戦争、西洋との邂逅、家族と友人、愛と性、さらには生と死、世代と宿命という課題への葛藤が綴られております。

遺稿集の『わがいのち月明に燃ゆ』というタイトルの由来

このタイトルは、兄の克也がつけたものですが、克也にそれが去来したのは、弟が戦死した夜の状況を、生き残った戦友から聞いたときのことだったといいます。当夜の気象は、ほぼ二千から三千メートルにかけて層積雲がびっしりと空を遮っていたといいます。しかし三千メートル以上は一片の雲もない晴天で、月は満月に近いものでした。尹夫は高度六千メートルを飛ぶと言って離陸していきました。兄・克也の視界には、撃墜された尹夫の機の状況が次のような光景として映ったのです。

月は満月に近く、しかも昇って間もない。下方三千メートルは一面の雲海、金波銀波のさざ波のごとく、満天にまだ星がきらめき、そのなかを彼我の曳光弾がとびかった直後一閃の爆発が同乗者七人の昇華を告げる。そして

大気中に飛散した灰がひめやかに雲海にふりそそぎ、やがて海に散って消えはてた。

タイトルはまさに超高度上空に煌々と広がる月明の世界のなかで、機体もろとも燃え尽きた弟への鎮魂の賦であったといえます。

立命館大学国際平和ミュージアム

所蔵された資料項目

その林尹夫に関する新しい資料が一昨年、立命館大学国際平和ミュージアム所蔵の資料の中から見いだされたことをご報告したいと思います。

資料室の目録には、四万点にものぼる資料が登録されていますが、十五年戦争の時期のものは、「軍隊・兵士」、「銃後・国家総動員」、「町内会・部落会・隣組」、「国民の貯蓄・消費生活」、「軍需生産」、「女性」、「子ども」、「青年・学生」、「教育」、「思想弾圧、マスメディア」、「宗教」、「反戦・平和運動」、「植民地・占領地」、「空襲」、「沖縄戦」、「原爆」の十六項目に分類されています。その「青年・学生」のなかにさらに十三の小項目があり、そこに、林美由子氏から寄託されたという七三点の資料群が存在していました。それらの資料こそ刊行本の元になった尹夫の四冊の遺稿ノートであり、それに加えて家族や恩師、友人に宛てた書簡を含む資料でした。戦後七〇年を経た時点で今日までほぼ無傷に残されていたこと自体が奇跡的なことであると思われます。そして遺稿ノートの全文を、今回あらたに確認することができました。

兄克也氏によれば、ノートを浄書した際の四〇〇字詰め原稿用紙は七〇〇枚に上ったとのことです。しかし編集・刊行の段階で頁数を調整しなければならず、五五〇枚まで削減したと述べています。すなわち一五〇枚分の原稿が、未だ誰にも検討されていない内容として残されていたということです。

この点に関し、戦没学徒の多くの遺稿を実証的に研究し、その優れた成果を『日本戦没学生の思想』として刊行した岡田裕之先生は、「尹夫の日記、遺稿は筆者は未見」と記しています。さらに、「刊行本『わがいのち月明に燃ゆ』のなかで、尹夫の日記は、日付が飛び飛びに集められて、ときに四ヶ月の日記が記されていなかったり」と書かれています。しかし、削除された内容の中に、それらの日付が存在しているのかも知れません。すなわち日付の正確な連続性が、遺稿の現物に即して確かめられなければならないわけです。まずは単行本で削除された日付がどれほどなのか、調べてみました。

その結果、一九四〇年で四二日分、一九四一年で五五日分。一九四五年で二五日分となっています。総計一二二日分の尹夫の記述が埋もれたままになっていたことが判明しました。それから一九四三年と一九四四年の日記内容の一部が削除されていました。

これらの日付のうち、一、二行ほどの短い記述であるために削除したと思われるものもあります。それはしかしごく僅かであり、また省略された日付の中には後述するように内容の面で重要な意味もつものがいくつか含まれておりました。むろん編集上の要請から削除を行なうことは、編集者すなわち兄克也氏の見識の範囲内の選択であって、このことに直ちに何らかの問題があるとは私は考えてはおりません。しかし、それらの日付に何が書かれていたのか、その記述の意味するものは何かということは、すでに公刊されている内容とも関わって、探究されるべき重要な課題であることは間違いないと思います。

さらに遺稿とは別に、大井海軍航空隊時代に学んだ航空技術に関する受講ノートが一冊、二冊の黒表紙の手帳。そしてとくに重要なものとして、海軍航空基地から家族等に宛てた通常葉書および封緘葉書が計六一通があります。ほとんどに検閲済という大きな朱判が押されており、軍の検閲のもとでの書簡であったことがわかります。

その内訳は、母の林フクに宛てた一五通、兄克也宛の葉書が二〇通、さらに注目すべきは、第三高等学校の教授で恩師でもあった深瀬基寛宛の葉書が二〇通残されていることです。そこには、のちに詳しく触れるように、尹夫の人生の最後の段階において、思いがけない人物と出会ったことが記されていました。

尹夫の生涯を特徴づける九つの項目

さて、これらの新資料を交えて、まず私は、林尹夫という青年の思索と行動、そして彷徨と苦悩の軌跡を、次のように、その生涯を特徴づける九つの項目に分けてみようと思います。

「生いたちと家族」
「孤独と友情」
「愛と性、そして共生」
「日記という表現」
「読書の軌跡」
「学問への探求」
「深瀬基寛との交流」
「国家と戦争」

「破局の訪れ」

本日は時間の関係で、その中から六つに絞って報告させていただきたいと思います。

生いたちと家族

一九二二年に生まれた尹夫は、東京湾を見下ろす横須賀の高台に立つ家と広い庭をもつ、裕福な事業家の家庭に育ちました。しかし尹夫が一三歳の時に父親が突然脳溢血で死去し、死後には膨大な額の借金が残され、家は破産寸前にまで追い込まれました。四歳年上の兄克也は昼間は職工となって働き、夜はおでんの屋台を曳いて行商したとのことです。この間、克也自身は学業を諦めることなく、その結果、理化学研究所に採用されるに至ります。こうしてようやく一家の生活に余裕ができ、兄からの援助によって一九四〇年四月、尹夫は京都の第三高等学校文科甲類に入学しました。尹夫は、この兄への気持ちを次のように綴っています。

兄よ、ぼくはあなたにたいして、あまりにも我儘な醜い存在だ。ぼく自身の願望を達成するため、すべての負担をになわせ、犠牲を押しつけた。兄を愛するという資格が、ぼくにはないのだ。

一九四一年十一月三日

しかし二人は読書の嗜好やクラシック音楽への傾倒など共通点も多く、しばしば夕べに一緒にレコードを聴いたり、文学や哲学、生と死、戦争と日本の状況など多くの事柄について語りあっています。むろんさまざまな兄弟間の相剋をはらんでいたとしても、親しく信頼し合う関係でありました。

また母親との関係では、末っ子の尹夫を、母フクは特別に愛しています。尹夫の母親への思いは、戦死する二ヶ月前の次の葉書からも窺い知ることができます。

お母さん。あなたはよく言っておられましたね。私が学校を出たら、一緒に京都でくらそうよ。ほんとに山科より花山天文台を右にながめながら東山をとおりぬけてつくあの京都は、平和な市民的なまちでした。私とあなたと一緒に、ほそぼそとしながらも学びつつ住むに最もよいところでした。お母さん、今となっては世の大きな波の変動に流され、私とくらす望みもなくなりました。ああ、あなたは一体、過去の何を糧としてのこりの生活をおくられるのですか。何をたよりにあなたは生きるのですか。老いし母よ、愛にへだてられし親よ、私はあなたが気の毒でたまらないのだ。

こうした母と兄への思いは、次のようにも綴られています。

母は苦労してぼくを育ててくれた。兄は艱難辛苦と闘ってみずから学問を修め、そしてぼくの生活と学業を支えてくれる。ぼくのみひとり、安易に生をむさぼり、学業は遅々としてはかどらない。ぼくは、ふるいたたずにはいられないはずなのだ。

一九四一年十一月六日

孤独と友情

京都というなじみのない土地で尹夫は学生生活を送り始めました。その胸中に去来していたのは、互いの心情を語り合える友人を得ることへの渇望でした。

四月一日京に着いたが、何事につけても淋しい。やはりホームシックhome sickにかかってしまった。……それほどでもないか！」

一九四〇年四月六日

と自分を励ます言葉が記されています。そして「友を求めて遠く険しきをさまよう」と自分の姿を描き出しています。

心を静ませる詩がほしい。心沈ませる海がほしい。心を開くすべを知らぬ。ひとり、怒りと悲しみの声、心より発するを聞かん。

ああ、生活は時間的に進む。しかも我が意識になんらの変化なし。

我はいま、友を求めて遠く険しきをさまよわんとす。

一九四一年五月二日

一方尹夫は、友のいない孤独にも耐え得る自己の確立を目指しています。

片々たる友情にまつわることをやめ、孤独に沈潜しよう。浮薄な虚飾をさけ、根底的な実態の創造に努力しよう。

一九四〇年五月十五日

現在のぼくの孤独を、しっかり嚙みしめて、そこに沈潜してみよう。これは深い意味を持つ孤独だ。独りでいること、これこそ生の根源だ。

一九四〇年十二月十五日

友情への希求をこのように捉え直した尹夫は、次のように決意を綴っています。

友人を得たい。またそれらに値するごとく自己を高めてゆかねばならない。自己の形成と確立の努力、それをぬきにして、どうして他の人々と真の協同が可能だろうか。このための努力へ、心傾けて進めばならぬ。

一九四一年十一月六日

こうして友情に値する人間として自己を確立していく、そのために時代状況の中で自己を高めるための強い意志が綴られています。

愛と性、そして共生

尹夫は青春における異性への憧れや恋愛への欲求、そして人間の性的なつながりについても深く真摯な想いを抱いていました。

「ぼくの心奥に、強烈な異性欲求の想いあるを感ず。けだし自己の性の対象として、はたまた自己および対象の両者を高め、充実させ、ともに生きる愛の幻想に憑かれている」。

一九四二年十月十九日

またこうした彼の想いに対して、今回未公開の日記の部分の中に次のような「あなた」への想いを率直に記している記述がありました。

わたしがあなたをどれほど愛し、恋焦がれてゐるか、あなたは少しも知らない。否、知ろうともしない。真情を吐露して、受け入れられぬ寂しさは実に限りないもの。愛情の表現に拙いところはあっても、受け入れる心さへあれば、といつも思っている。人は孤独、他人は人の気など察しもしなければ、大体分からないもの。とは思っても、あなただけには分かってほしい。

このように書いた上で、尹夫は「ナンテウスッペラナ！」と記し、文章の上に何度もバツを書き殴っています。ここに現れているのは、いわば異性への愛の、肯定と否定の堂々めぐりとも言えるものでしょう。こうしたなかに尹夫の青春の苦悩があったと言えるでしょう。

人間の情欲についても尹夫はさまざまな苦悩と想いを綴っています。未公開の日記のなかの記述です。そこには直裁で赤裸々な想いが記されています。

率直に書かねばならぬ。性欲、それは苦痛である。ぼくは肉体の結合へという想念に憧れる自分を凝視する。

そして、汚ない、醜いと反省してたたかう。それは欲求不満の妄想にたいして自らの怒りだ。

そして、性欲、ぼくは今何と肉の結合にあこがれる事か。汚なくみにくい欲望、しかし僕は女を求めるのだ。

息吹、汗、異性の体臭、熱き肉体、抱擁のよろこび、恥しらずなたわむれ、舞踏、汝が腕に、まどろわんかな、めざめ、ものうきめざめのよろこび。一九四三年九月三十日

こうした苦悩と葛藤のなかで、尹夫は愛と共生という夢を模索し始めていました。共生という愛の姿は、相互理解のみならず、相互批判をも含む、より本質的な愛として求められています。


我々は感情的に愛する者を求める。しかし大事なのは、それ以上に、共生者ではあるまいか。共生とは、愛のないものではなく、愛と批判が、一層、高くむすびついたものにほかならない。

一九四一年四月二十日

いま、ぼくの心に大きな姿をとる人にたいし、ぼくは大いなる愛に導かれているのではない。その人にたいする理解と批判が、ぼくをその人に強く対立せしめる。

これは形を変えた愛の表現かもしれない。しかし、それらの愛以上に、人と人との共生を強める紐帯があると、ぼくは思う。それは相互理解であり、相互批判である。これこそ、ある点では、生のもっとも本質的なものではあるまいか。

一九四一年四月二十日

しかしこうした尹夫の若さあふれる異性への感情、そして共生への想いは、叶うことはありませんでした。戦争は彼の生を容赦なく断ちきり、未完のまま終わるしかなかったのです。

尹夫は最後まで、自己の求める性のあり方を貫こうとしていました。着任した美保海軍航空基地の周辺には、海軍の隠語で「Ｐハウス」と呼ばれる娼家があったのですが、他の隊員たちがそこに通っても尹夫は行こうとせず、逆に激しているのです。


彼。娼家へ。Mitschlafen（共に寝た）。俺は憤激した。

日記という表現

なぜ尹夫は、高等学校から帝国大学、そして海軍に入隊してからもずっと日記をつけ続けたのか。海軍時代には検閲される危険を冒してまでも日本の現状への懐疑と批判を書き込んでいます。

そのノートは敗戦直後に、彼の僚友によりひそかに隠匿して持ち出されました。そして遺族に引き渡されたことにより、今私たちは読むことができるわけです。危険を冒してまでも書き続けられなければならない日記とは、尹夫にとっていかなる意味をもったのか。彼自身、それをどのように自覚していたのでしょうか。

すべての miserable な人間の性質が、具体的ではなくても、この日記のなかにはうずいている。しかもそれは、おれが、現代の激流に負けまいとする、そこで Aktib に生きんとする、おれの意義の契機をなすものなのだ。

一九四四年七月十四日

ぼくは暇があると日記をつける。何も書くことはないのだが、とにかくこの軍隊生活を記録しておいて、何か生きている痕跡をとどめておきたいのだ。具体的に自己を表現しうるのは、今の生活にあっては、この日記だけなのだ。

一九四四年一月二十三日

このように、とくに軍隊時代にあって、日記は精神における自由を獲得するための、尹夫の根本的な要求を満たす場でもあったと思われます。

読書の軌跡

尹夫の日記の大きな特色は、その随所に広範な読書への欲求と学問への志向が示されていることです。そこにあるのは自己を成長させていこうとする意思です。それは以下に紹介するように、その質においても量においても、近代日本の青年がいかに知的な成長と人間性の形成をめざしたのかの、類い希なる記録とも言えるものです。尹夫の具体的な読書の軌跡について、すでに岡田裕之先生が、他の戦没学生と比較しながら詳細な分析を行っています。その考察を引き継ぎながら、さらに未公開の日記に記されている内容も付け加えて、尹夫の読書の軌跡を明らかにしてみましょう。

尹夫の読書歴（日本文学）

日本文学で日記に名前が示されているのは、夏目漱石、島崎藤村、泉鏡花、徳富蘆花、志賀直哉、芥川龍之介、武者小路実篤、谷崎潤一郎、永井荷風、島木健作、堀辰雄、久保田万太郎、高見順、里見弴、梶井基次郎、横光利一、中河与一、石川達三、深田久弥、火野葦平、小川正子、善波周《ぜんばまこと》、岩倉政治たちです。

作品名が記されているのは、
夏目漱石『吾輩は猫である』『漾虚集』『心』『道草』『門』『行人』
島崎藤村『夜明け前』
徳富蘆花『黒い眼と茶色の目』
泉鏡花『高野聖・眉かくし』、『歌行燈』
志賀直哉『暗夜行路』
武者小路実篤『人類の意志について』『幸福なる家族』
里見弴『多情仏心』
谷崎潤一郎『春琴抄』
梶井基次郎『檸檬』
横光利一『上海』
久保田万太郎『末枯・大寺学校』、『萩すすき』
石上玄一郎『クラーク氏の機械』『精神病学教室』
善波周『弾巣』
堀辰雄『聖家族』『菜穂子』
深田久弥『贋修道院』
高見順『故旧忘れ得べき』『如何なる星の下に』『私の小説勉強』
石川達三『蒼氓』
島木健作『運命の人』
井上政次『大和古寺』
岩倉政治『村長日記』

以上に加えて、未公開の日記の部分には、夏目漱石『それから』、泉鏡花『白鷺』、長与善郎『竹沢先生と云ふ人』、佐藤春夫『佐藤春夫詩集』、島木健作『随筆と小品』、林房雄『青年』『壮年』、大嶽康子『病院船』が記されています。『病院船』は小説というよりも、負傷兵を救護する従軍看護婦の記録です。

以上の読書の読後感としては、武者小路実篤『幸福なる家族』について「これは楽しくもまた美し」というようなごく短いものもあります。その一方で、夏目漱石『明暗』や志賀直哉の『暗夜行路』のように、ノートの二頁分を越えるかなり長いものもあります。

『明暗』は、明らかに歯切れのよい会話、描写、心理の動きを写しているが、しかし、そこには常に津田の被虐のような一種の白々しさ、clean and smart(そつなく利口な)なものの独特のあくどさ、油っこさを感じる。もっとすっきりしたものが読みたい。

しかし考えてみると、ここにあるような割り切れなさ!これが事実であるかもしれない。我々の心理の割り切れなさは、常につきまとっているのかもしれない、と考える。
その点からみると、やはり『明暗』には面白さがある。漱石の小説は、単に外面的事象の平板な羅列ではない。しかし断面的に眺めるならば、やはり考えさせられるものがある。人間心理の克明な記録だと思う。

一九四五年七月二十八日

尹夫の読書歴（世界文学）

尹夫の関心はきわめて旺盛であり、西欧の文学にも向けられておりました。

フランス文学ではコロネイユ、ラ・ロシュフコー、セナンクール、スタンダール、バルザック、フローベール、メリメ、ブールジュ、モーパッサン、ドーデ、アナトール・フランス、ルナール、アラン、ピエール・ロチ、ボードレール、ランボー、ヴェルレーヌ、デュアメル、ヴァレリー、マルタン・デュ・ガール、ロマン・ロラン。

ドイツ文学ではトーマス・マンを始め、ゲーテ、ノヴァーリス、ヘッセ、ケラー、リルケ、シュニッツラー、シュミットボン、シュトルム、レマルク。

英米文学では、スコット、シング、ジェームス・ジョイス、ハドソン、モーム、オルダス・ハクスリー、パールバック。

ロシア文学ではトルストイ、ドストエフスキー、ツルゲネーフなどが記されています。

具体的な書名の例を次にあげます。原語で表記されているのは原書で読んだことを示しています。さらに未公開日記の部分には、『マダム・ラ・ファイエット』、『クレーヴの奥方』、アナトール・フランス『タイス』が記されています。

ヘルマン・ヘッセ『車輪の下』『デミアン』『狭き門』
ツルゲネーフ『春の水』
フローベール『ボヴァリー夫人』『L'education sentimentale』〈『感情教育』〉
ドストエフスキー『虐げられし人々』『罪と罰』『死の家の記録』『カラマーゾフの兄弟』
パールバック『大地』
ロマン・ローラン『ジャン・クリストフ』
ピエル・ロチ『氷島の漁夫』『ムンチョ』『アメリカ騎兵』
スタンダール『アンリー・ペールの生涯』『パルムの僧院』
メリメ『コロンバ』『カルメン』『エトルリアの壺』
バルザック『海辺の悲劇』『絶対の探求』『Le lis dans la

vallee』〈『谷間の百合』〉　『Le cousin pons』〈『従兄ポンス』〉
アナトール・フランス『Le crime de Sylvestre Bonnard』
シルベストル・ボナールの罪』〉
ブルジェ『我等の行為は、我等を追う』『弟子』『大我と女たち』『愛』『姉妹』
マルタン・デュ・ガール『Les Thibault』〈『チボー家の人々』〉
ドーデー『サッフォー』『Les lettres de mon moulin』〈『風車小屋だより』〉
トーマス・マン『魔の山』『ブッテンブロオク家の人々』
モーパッサン『脂肪の塊』『Deux amis』〈『二人の友』〉
『Pierre et Jean』〈『ピエールとジャン』〉
ハドスン『Green Mansion』〈『緑の館』〉
シング『Sing's Drama』〈『シングの戯曲』〉　『The Lady of the Lake』〈『湖上の美人』〉
ジェームズ・ジョイス『Portrait of the Artist as a Young Man』〈『若き日の芸術家の肖像』〉
スタンダール『アンリー・ペールの生涯』『パルムの僧院』『Le rouge et le noir』〈『赤と黒』〉

（〈　〉のなかの日本語表記は斉藤による）

マルタン・デュガール『チボー家の人々』への傾倒

以上の作品の中で尹夫に特に大きな影響を与えたのは、マルタン・デュ・ガールの『チボー家の人々』です。

第一次大戦を背景とした大河小説であり、全八部のうち、第七部以降は反戦小説の意味合いを強くもっています。主人公のジャック・チボーは、独仏両軍の対峙する塹壕に、上空から航空機で反戦ビラを撒く作戦に参加しましたが、志を遂げないままに殺害されます。

マルタン・デュ・ガールはその第七部でノーベル文学賞を受賞しています。ただし日本での翻訳は、反戦意識を広めるものとして発禁になりました。当時の言論統制がいかに強圧的なものであったかの一つの証左と言えるでしょう。

だが、そうした中で尹夫は、第八部すべてを、しかも原書で読破しているのです。読後感はたびたび記されていますが、その一つは次のようなものでした。

ジャック・チボー、その精神は、現在のぼくを支配する。独立した人格とは、烈しい苦しみにより結晶する。麻痺した自己批判、それは醜い背徳者である。酷烈に自身を

裁け、第一歩はここにはじまる。　一九四一年四月十二日

尹夫の読書歴（日本の哲学書・思想書）

以上に加えて、尹夫は哲学や思想書関係の書物に強く惹きつけられていきました。日本のものでは西田幾多郎、田辺元、和辻哲郎、朝永三十郎、長谷川如是閑、倉田百三、三木清、谷川徹三、阿部次郎、出隆、杉正俊、河合栄治郎、矢内原忠雄、波多野誠一、三谷隆正、今井仙一、高坂正顕、松村克己、岩下壮一、市原豊太、辰野隆などの著作が読まれていきます。書名は以下に挙げおきました。

倉田百三『愛と認識との出発』
長谷川如是閑『額の男』
河合栄治郎『第一学生生活』『第二学生生活』『社会思想家評伝』『書斎の窓より』『感傷と反省』『文学の周囲』『時局と自由主義』『ファシズム批判』『トマス・ヒル・グリーンの思想体系』
三木清『歴史哲学』
谷川徹三『生活・哲学・藝術』『日本人の心』
朝永三十郎『近世における我の自覚史』
波多野精一『基督教の起源』
高坂正顕『歴史的世界』『歴史哲学と政治哲学』
和辻哲郎『倫理学』『日本精神史研究』
今井仙一『フランス哲学の主要問題』
三谷隆正『アウグスチヌス』
三井光弥『父親としてのゲーテ』
市原豊太『思考・意識・愛情』
辰野隆『印象と追憶』

この中で自由主義者としてファシズムと闘った経済学者河合栄治郎についてはつぎのようにややそっけなく批評しています。

河合さんは高校時代には、人生観を確立し、自己をみつめる生活だ、と言うが、あまりにも抽象的で、のみ込めない。　一九四〇年六月十五日

おれは抽象や観念に生きる人間ではない。おれは直接、おれの胸にグンときて把握しうるもののために生きるのだ。おれはくだらぬ哲学者ではない。おれは歴史家だ。文学青年だ。そして市井の一人だ。　一九四四年七月一日

尹夫における抽象的でない実践的な課題を探求しようとする一貫した志が、河合批判をもたらしたものでしょ

う。

尹夫の読書歴（西欧の哲学書・思想書）

西洋の哲学や思想、そして宗教書に関しては、プラトン、アリストテレス、アウグスチヌス、ルター、デカルト、パスカル、カント、ニーチェ、リッケルト、ディルタイ、A・ハクスリー、ハルナック、ブーバー等があげられています。書名については、

プラトン『ソクラテスの弁明』『クリトン』『饗宴』
アリストテレス『ニコマコス倫理学』第六巻第三章『学問』
ルター『キリスト者の自由』
モーリス・バレス『自我礼拝』
ヴァレリイ『方法的制覇』
フォイエルバッハ『基督教の本質』
ニーチェ『ツァラトゥストラ』
アラン『精神と情熱に関する八十一章』

これらの西洋の思想書の読書に関して、未公開の日記のなかで目にとまるものがありました。アルベルト・シュヴァイツァー『わが生活と思想より』の読後感です。

以下の文章が書き留められていました。

この世界の悲惨な問題が私をひどく苦しめた。私は……われらすべてはこの悲惨を幾分なりとも根絶せしむべき、各々力を尽すことができると信じて疑わなかった。かくて次第に、この問題についてわれらの知り得る唯一のことは、われらは救済を済さんとする者として、各々その道を行くべきである、ということだけを考へるに至った。

一九四二年六月二十一日

尹夫の読書歴（日本の歴史書）

以上のような広範な読書を経るなかから、尹夫がさらに深く取り組んでいったのは歴史関係の書物でした。日本の書物では、本居宣長、杉田玄白、貝原益軒、吉田松陰、西郷隆盛、箕作元八、福澤諭吉、陸奥宗光、橘樸、大類伸、鈴木成高、小西四郎などの著作があげられています。

書名は次の通りです。

黒田木工『日暮硯』
本居宣長『うひ山ぶみ』
杉田玄白『蘭学事始』

西郷隆盛『西郷南州遺訓』
福澤諭吉『福翁自伝』
陸奥宗光『蹇々録』
徳富猪一郎『吉田松陰』
文部省維新史料編纂会『概観維新史』
箕作元八『西洋史講話』
小西四郎『日本近代史』
大類伸『西洋中世の文化』『西洋史新講』
鈴木成高『歴史的国家の理念』『ランケと世界史学』
石原謙『基督教史』

未公開の日記の部分には、さらに岡不可止『松下村塾の指導者』、中山治一『政治史の課題』、長与善郎『日本文化の話』、荒川義彦『大学と伝統』、そして当時新鋭の歴史哲学者であった樺俊雄『歴史哲学概要』『歴史における理念』『歴史の理論』が示されています。

尹夫の読書歴（西洋の歴史書）

西洋の歴史関係の著作では、カエサル、カーライル、ランケ、ウエーバー、A・モーロア、C・ドーソン、E・ハレ、ストロンドベリー、ニーチェ、ルソー、ドーブッシュ、E・クルティウス、J・ベリー、J・シーリー、L・ディキンソン、M・アラン、M・ベルジャーエフ、マンハイム、レーニン、キンネン、ベルツ、ラスキなどが上がっています。

書名は次のようなものです。

ストリンドベーリ『歴史の縮図』
ジルソン『中世ヒューマニズムと文芸復興』
ベルジャーエフ『The meaning of History〈歴史の意味〉』
『The Fate of Man in the Moderm World〈近代世界における人間の運命〉』
J・シーリー『The Expansion of England〈英国の発展〉』
ラスキ『The Political Thoughts in England from Hobbes to Bentham〈ホッブズからベンサムに至る英国における政治思想〉』
A・モーロア『The History of England〈英国史〉』
J・ベリー『The Idea of Progress〈進歩の概念〉』
M・アラン『L'ordre〈秩序〉』
ドーソン『政治の彼方に』（深瀬基寛訳）『Progress and Religion〈進歩と宗教〉』『St. Augustine and His Age〈聖アウグスティヌスとその時代〉』『The New Leviathan〈新たなるリヴァイアサン〉』

これら西洋史については、日本人による研究の力量不足について厳しく指摘しています。

いまRanke『Uber die Epochen der neueren Geschichte』（ランケ『近代史の諸時期』）を読みながら考えたのであるが、日本の歴史家の著作、特に西洋史には、何か力量不足、洞察力と認識力の欠陥、ひいては歴史評価の教養不足が感じられる。ヨーロッパ史のみならず、文学、政治、経済についての地盤なき歴史家など、ナンセンスな存在だと痛感した。

一九四三年一月十八日

同時に尹夫は、自分の読書の質のあり方についても、しばしば厳しい自己批判を行っています。

私の勉強の欠陥は、不徹底ということ。いい加減ということである。たとえば、歴史哲学をやるにしても、いい加減で、放っておくことが多い。理解せずにすますことが多い。これが最大の欠陥である。

徹底すること、すなわちWissenchaftlicheit（学問的なること）に対するまじめさなしに、どうして我々は知識的形成がなしえようか。その点にたいしまず猛省せねばならない。

元来私は頭脳的に非常に劣等である。それゆえ、真に努力して、みずから邁進せねばならない。

一九四〇年十月二十八日

「京都学派」への批判

こうした読書の積み重ねの中で、尹夫の一つの特徴として私が注目するものがあります。

それは当時多くの知的青年たちに大きな影響を与えた京都学派に対し、尹夫が自立的な批判に辿り着いていることです。

京都学派とはご存知のように世界史の哲学や近代の超克をとなえ、西洋は行き詰まり、東洋こそが中心となるという、「大東亜共栄圏」思想を提唱した学者グループです。

メンバーは田辺元の教えを受けた高坂正顕、西谷啓治、高山岩男、鈴木成高等でした。三高と京都帝大の教員がその中心となっていました。彼らは『中央公論』の一九四二年一月号の座談会「世界史的立場と日本」の中で、日米開戦・真珠湾攻撃やマレー沖会戦を大勝利と讃えました。大東亜戦争の世界史的意味を高く評価し、国民の総力戦突入への覚悟を説いていました。尹夫も、田辺、鈴木、高坂らの講義や講演を受講しています。しかしノートには彼らへの批判が記されているのです。

我々を救う死の態度とは〝決死〟という覚悟のなかにありと田辺教授は説く。つまり、死を可能性の問題として我々の生を考えるのではなく、我々はつねに死にとびこんでゆくことを前提に現在の生があるという。

田辺教授は、人間と神は直接に結合しうるものでなく、それは国家を媒介として、人と国と神が結合するものであり、この三位一体的相互関係を欠くならば全体は成立しない。あきらかに今日の我が国の現状の必要性に即応することを考慮した考え方である。

一九四三年五月二十一日

このように尹夫は、戦時下の青年たちに「決死」という覚悟を説き、死を意味づけようとする田辺の主張を、時流に乗った主張であると鋭く見ぬいています。

また、高坂正顕に対しては次のように端的に批判を述べています。


『歴史的世界』（高坂正顕）、読むに耐えず、遂に放棄す。

一九四一年八月二十一日

深瀬基寛との交流

尹夫の学問への志と人間性の形成においてきわめて大きな意味をもったのは、第三高等学校教授の深瀬基寛との交流でした。深瀬の専門は英文学であり、詩人エリオットの研究者として著名でしたが、さらに第一次大戦とヨーロッパの危機体験に立つドーソンの歴史哲学を高く評価し、その紹介書も書いています。二人は、さらに学徒出陣後も頻繁に交流しております。

軍隊内からの深瀬宛の葉書が一八通発見されましたが、その一部を紹介しましょう。

たとえば、「**連続ハガキのお便り非常に感激を以て拝読いたしました。**」と、時に続けざまの葉書の往復が行われていたことが分かります。また、「**これからおれの背後に深瀬基寛ありとの心構えで頑張ります**」等、尹夫にとって深瀬は軍隊生活の心の支えともなる存在でありました。

また、日記には次のような深瀬に宛てた遺書ともいうべき文章が残されていました。師弟の生き生きとした交流をふり返る内容です。一升瓶を下げて師の家を訪ね飲み明かしたこと、尹夫の心のなかに如何に師の面影が生きていたのかが伝わってきます。

深瀬先生　衣笠山の麓、冬の夜おそく、私は先生と話したこと、そして話そうとしても話しきれなかった淋しさを噛みしめながら、きらきらと迫るような光、うれしいような、やるせないような思いにかきたてられたことが、いくどもありました。

所詮、年齢のちがいは越すに越されず、理解をさまたげました。でも深瀬さん、年はちがっていても、お互いに楽しいつきあいでしたね。

先生と飲んだのは、卒業のコンパと、臨時のバンケット、それに東京から東海道を一升さげてくだり、行って泊りこみになったとき、そしてお別れにあの四畳半で金井と三人で飲んだこと、それだけでした。……

深瀬先生よ、忘れえぬ方だ。

戦後、深瀬は尹夫の遺稿を刊行するために、最大限の尽力をしています。その依頼を行った唐木順三に対し、その想いを次のように綴るのです。

小生としては、戦没学生中、恐らく、これだけ徹底した自覚の下に死んで行った学生は知らないと考へてをります。

萬一にも林君の遺稿が出版になれば、小生としては、自分の本など問題にならないとさへ考へてをります。それは勿論、学問的價値の點ではなく、私の三十年の教師生活のうち林君が学生の頂點に立ってゐることを確言出来るからなのです。

「サン・テグジュペリ的世界への突入」

新たな資料の中で、私が特に提示したいものがあります。それは尹夫が死の九ヶ月前に、サン・テグジュペリの文学と思想に出会っていたということです。このことを明らかにしているのは、軍隊内から深瀬に宛てた、一九四四年九月二七日と一〇月一四日の二通の葉書です。

サン・テグジュペリは、一九二五年の処女作『南方郵便機』の発表ののち『夜間飛行』を刊行するや、フランスで最も権威のある文学賞の一つ「フェミナ賞」を受賞し、注目された作家です。一九三九年には『人間の土地』を刊行しています。戦後は内藤濯《あろう》訳の『星の王子さま』でよく知られていることはご承知の通りです。

サン・テグジュペリの最初の翻訳は、早くも一九三四年七月に、堀口大学によって『夜間飛行』が第一書房から刊行されています。次に『人間の土地』が前著と同じ一九三九年に堀口訳で、同年には『南方飛行』のやはり堀口訳が刊行されています。いずれも第一書房です。

さらに一九四四年には先の『人間の土地』が『空の開拓者』と改題され、河出書房から刊行されるに至っています。刊行の時期からして、尹夫はそれらのいずれかを読んでいたとしても不思議ではありません。しかしあれほど詳細な読書の軌跡を書いていた尹夫です、もし読んでいたならそのことを記していてもおかしくはありません。しかしサン・テグジュペリの名前や書物については、未公開の日記部分も含めひとことも触れられてはいないのです。しかし深瀬宛の葉書の中で尹夫は、サン・テグジュペリについて、次のように情熱的に書き記しています。

最初の葉書では、その冒頭から「長らくご無沙汰いたしました。サン・テグジュペリ的世界への突入のために真に多忙であります。お許しください」と記しています。

次の葉書でも以下のように記しています。

お便りうれしく拝読しました。何時も先生のお便りがそうであるように、今このお葉書を読みかえしては、Etwas の追究に邁進せんとする勇気を鼓舞させられます。

一九四四年の秋も日ましに深まり、今日も野分の後のあわただしい雲の間にちらりと蒼空が見えます。心は機にふれてはセーヌ・ドゥラ・ビー・パッセーへと向い勝ちでありますが、それを克服せねばならぬという小声と止みがたくひかれる心の間のギャップをうづめるには如何にするのか、どうも未だつかみきれません。ビー・パッセーというものが、私にとり快適な生活というよりはあるべき生活という意味をもち、一つの生活原理の表現だからと思います。

しかしかかる痴言はともかくサン・テグジュペリ先生の世界は、仲々張り合いがあります。言葉とかポーズの無力な沈黙の世界といふものは、実に良いものですね。サイレント・ネービーといひますが、徒にいきりたつことなく一歩ずつ進んでゆかうと思います。

一九四四年十月十四日

ここで「セーヌ・ドゥラ・ビー・パッセー」とは、過去の様々なシーン、すなわち情景のことを指しているととらえられます。尹夫は、そうした過去の情景に「止みがたくひかれる」自己を戒めようとしています。過去に向うのではなく、現状を切り開かなければならないと自分に言い聞かせようとしているようです。

そして、「Etwas の追究に邁進せんとする勇気」を持とうとしています。「Etwas」とは「然るべきもの」という意味で、自分のあるべき姿に向う勇気を鼓舞しようとしていると思われます。

サン・テグジュペリと尹夫は洋の東西の違いはあれ、同じ第二次世界大戦という戦争の時代を生きました。そればかりではなく、航空機の操縦士として、そして偵察飛行士として同様の任務を担い、サン・テグジュペリもまた前年の一九四四年七月三一日、連合国軍第33－2偵察飛行部隊の隊員としてコルシカ島ボルゴ基地から出撃し、その偵察飛行中に地中海洋上で消息を絶っています。

むろんサン・テグジュペリの死は、祖国フランスをナチスドイツの侵略から奪還するための戦争における死であり、それに対し尹夫の死は、ナチスと軍事同盟を締結していた大日本帝国の、敗戦間近の、本土決戦に備えた戦争の中の死という明確な違いがあります。そしてフランスは、最終的に勝利し、大日本帝国は崩壊しました。

それゆえ二人はまさに敵国人同士であったということにもなるのですが、しかしそうした国家と国家という敵対的関係を全く超越した地点で、尹夫はサン・テグジュペリ的世界に深く心をうたれたという事実が、重要な意味をもっていると思います。ただ具体的にサン・テグジュペリとその作品のどこに惹かれたのか、この葉書だけでは突き止めることはできません。はなはだ残念です。尹夫のことですから、時間的余裕と残された生があれば、きっと存分に書き記していたことでしょう。ともあれ、軍隊生活の中で死に直面しながら辿り着いたサン・テグジュペリの世界への共感とはなんであったか、このことは今後も突き止めていかなければならない重要な課題であると思っております。

八〇一空「飛行機隊戦闘行動調書（一九四五年七月十一日）」（防衛省防衛研究所）

最後になりますが、私は尹夫が所属していた海軍第八〇一空の戦闘記録を調べて、尹夫が戦死した詳しい状況を明らかにしたいと思ってきました。

八〇一空は、大和航空基地と大分航空基地に隊員を配置していましたが、残念ながら大和航空基地の戦闘記録は今のところ発見できておりません。

しかし大分基地のそれは、防衛省防衛研究所で見いだすことができました。そのなかの海軍省による「航空部隊行動調書」の中に、八〇一空大分部隊の、尹夫の戦死と同じ七月の「飛行機隊戦闘行動調書」を見つけました。大分の基地で、尹夫と同様の一九四五年七月に、一式陸攻で六機が出撃し、このうち一機が大破、炎上、操縦士戦死。二機が行方不明となっています。尹夫も一式陸攻で出撃したのですが、敗戦直前の時期、いかに無惨な出撃がくり返されていたのかが改めてわかりました。

また最後の出撃基地となった大和基地の当時の状況について、関係者等から話を聞きたいと思い、現在は天理市になっている同基地跡を訪ねました。まだ田圃の中に避難壕が残っておりました。

大和基地通信兵による証言（その一）

また、同基地の通信兵であった方の所在を突き止め、聞き取りを行ってきました。当時同基地ではすでに米軍機による空襲が頻繁に行われていたとのことです。米軍機がやってくると退避し、米軍機が行き去るとまた任務につくという状況だったとのことです。あるとき米軍の飛行機が上空を去ったあとに、日本の飛行機が飛行場に着陸しました。すると待ち構えていたように山の陰から再度米軍戦闘機が飛来したのです。

元通信兵の方は、その時のことを、「操縦士は、慌てて操縦席の風防をあげ機から脱出しようとしたが、その瞬間激しい機銃掃射を浴び、機体から転げ落ちた。その後どうなったか見届けていないが、この事はとてもよく覚えている。」と話してくれました。

大和基地通信兵による証言（その二）

尹夫が最後に移動した大和航空基地は、日常的にアメリカ軍の攻撃にさらされていた最前線であったということがわかります。

さらに、その通信兵の方の次のような証言は、私にとって衝撃的なものでした。

「その後、八月九日、第三航空司令部臨時第五十三航空戦隊付となり、飛行場の傍の小高い山の中腹に作られた通信の業務についた。そこでは上官に通信がわか

避難壕跡

る人はいなかった。時々受信機を耳に当て、よくこんなのがわかるなあと言っていたくらいだった。傍受した内容がどのように使われていたのかも通信兵には分からなかった。」

当時、偵察機を出撃させても、その命がけの情報を傍受し、的確に活かす組織体制がどの程度十分に機能していたのかが疑われる証言であると感じました。尹夫の命をかけた偵察による通信と情報は、どれだけ正確に受け止められていたのでしょうか。基地機能の全般がすでに麻痺しているような状況の中で、尹夫の出撃と死はどのような意味があったのでしょうか。

尹夫と克也との最後の会話（一九四五年六月）

最後になりますが、尹夫と克也との最後の会話を紹介しておきましょう。

一九四五年六月に美保基地に面会に行った時、すなわち戦死の一ヶ月半前の時の会話を克也はこう記しています。

「彼は私に三つのことを託した。

第一は、これ以上、この戦争で青年を殺すような行動は断じて阻止するようにしてくれ。そのために『俺たちは死ぬことを甘受するんだ』と言った。

第二は、日本が占領されたあと、日本の再建のために、『なによりも青年のことを最大限に考えてくれないか』と言った。

第三は、わたしたち個人のことだった。私は彼と多く語りあったなかで、彼のことについて一つ言った。『絶対に死なないようにしろ。生きるのだ』しかし彼は『もう、手遅れなんだ』と呟くように答えた。」

そして尹夫は、新しい日本を担う若き世代に向けて次のようにも書いています。

新しい日本を担う若き世代への尹夫の呼びかけ

若きジェネレーション
君たちは
あまりにも苦しい運命と
闘わねばならない
だが　頑張ってくれ

以上、長い報告になってしまいましたが、あの無謀な戦争の中で死を迫られた若者たちの生きざまを、決して忘れることなく、私たちの記憶の中で、彼らの生きた証しを引き継いでいかなければならないと思っております。

【特集】戦没学生の学生生活と戦場

林尹夫と天理・柳本飛行場

髙野 眞幸

はじめに

大和海軍航空隊大和基地（通称、柳本飛行場。以下柳本飛行場とする）を調べている。天理市の柳本には多くの「朝鮮人」が現在も生活しているが、『天理市史』には「柳本飛行場は完成する前に終戦となった」と書かれるなど市町村が刊行した本には「朝鮮人」の存在は記されていない。二〇一四年に天理市長は柳本飛行場跡の説明板を撤去した。群馬の森にある追悼碑を撤去させようとする歴史修正主義グループも関わっている。

柳本飛行場と学徒動員

林尹夫は一九四三年十月二十一日に学徒出陣しているという。天理大学の前身天理外国語学校（一九四四年から天理語学専門学校、戦後天理大学となる）でも同じ日に八四人の出陣学徒壮行会を開いている。天理外国語学校の教員は、その四三年十月六日の日記に「検査を受けるものを問えば、半数は手を挙ぐ。二学期の試験は受けないという。また帰って来た時にといえば、帰りません、という。靖国神社ですという」と書いている。検査とは徴兵検査である。日本人全体も明治以降の教育のなかで皇国臣民になっているのである。東京で行われた出陣学徒壮行会は文部省が主催している。

筆者は天理高校第二部（夜間定時制）に勤務していて、二〇〇八年に『天理高等学校百年史　第二部編』を編纂・刊行した。天理高校第二部の前身は一九二六年につくられた天理青年訓練所である。一九二五年に中学校に陸軍将校を配置し、中学校で軍事訓練をする。中学校に進学しなかった男子に軍事訓練をする目的でつくられたのが「青年訓練所」である。天理高校第二部の前身でも戦争中には「愛国少年団」として生徒を戦地に送っている。

中学校では十五～十八歳の少年を海軍飛行予科練習生（以下予科練とする）として募集している。天理では、天理教の宿泊施設を利用して、一九四三年十二月一日に予科練を一万一六〇一人集めて訓練をする。

柳本飛行場建設へ動員されたのは、専門学校、師範学校、中学校、高等女学校、小学校の学徒である。そして奈良盆地に住む人たちも動員された。遊郭の女性も建設に動員されている。

柳本飛行場と本土決戦

柳本飛行場は、一九四三年秋ごろから準備を始め、一九四四年九月十五日に「鍬入式」、そしてそのあと学徒動員などで飛行場をつくっていく。飛行場建設は、大阪海軍施設部が発注し、大林組が四九〇万円で請け負っている。

飛行場は、当初予科練の練習航空隊として四五年二月十一日に赤とんぼ（九三式中間練習機）五四機で大和海軍航空隊が開隊される。五月には赤とんぼに二五〇キロ爆弾を装着する訓練をやっている。四五年七月半ばには実戦部隊のゼロ戦三二機が本土決戦に向けて茨城県の百里ケ原基地（現茨城空港）からやってくる。

本土決戦のための作戦は沖縄戦のなかで計画されたようである。沖縄が落ちたあとは本土であるとして、日本軍は本土決戦を九州南部の海岸ではじまると想定していた。実際に米軍はオリンピック作戦と名付けて一九四五年十一月一日南九州の宮崎海岸、志布志海岸、吹上浜海岸の三つの海岸から同時に上陸することを計画していた。十一月一日をXdayとし、Xマイナス一週間、Xマイナス五日、Xマイナス三日など、日を追って空襲、艦船の配置の行動計画をつくっている。

米軍は九州上陸時に被害が多くなると考え、上陸前に徹底的に九州を爆撃するであろうから、日本軍としては九州から離れた、米軍の上陸の可能性の少ない場所に「大本営」と「御座所」を置こうとした。それが奈良県である。大阪の八尾の陸軍飛行場と奈良の海軍の飛行場を拠点として米軍の本土上陸を迎え撃つ計画である。そして、神風特攻隊の生みの親といわれる大西瀧次郎海軍軍令部次長が柳本飛行場のある奈良に天皇を呼ぼうとした。そのための「御座所」用トンネル（地下壕）が天理市街地の北に掘られ、「大本営」用トンネルを飛行場の東の山に掘った。

　柳本飛行場には複数の滑走路（一五〇〇メートル）があり、周辺には25ミリ機銃（二連装あるいは三連装が三台ずつ）が二〇か所に、二か所のそれぞれには12センチ高角砲三基、一か所に7・5糎高射砲四基が配置された。誘導路が掩体壕・滑走路・整備場・格納庫・兵舎地区・海軍施設部を結んでいる。また、飛行場の東の山には、竹之内に二七のトンネルが掘られるなど、多くの軍需品を秘匿するためのトンネルが掘られた。

柳本飛行場と朝鮮人労働者

　朝鮮人も飛行場建設に来る。ひとつは家族連れの朝鮮人労働者、ひとつは強制連行の朝鮮人労働者、ひとつは日本軍「慰安婦」の朝鮮人女性である。

　飛行場建設に関わる朝鮮人の数を、大林組柳本飛行場建設事務所にいた人は三〇〇〇人と言い、天理語学専門学校（朝鮮語）一年で勤労奉仕に行った人は、二〇〇〇人で「軍直属の軍夫」と「民間の土建関係の飯場に属した労務者」がいたと言っている。また、同じく天理語学専門学校一年でロシア語を学んでいた人は、『天理大学五十年誌』に「飛行場建設の主力は朝鮮から強制徴用されて来ていた千数百人ほどの朝鮮の人々」としている。そして目撃談として、「若い海軍の将校が、朝鮮人を集めて訓示することがありましたが、そのときは通訳つき。通

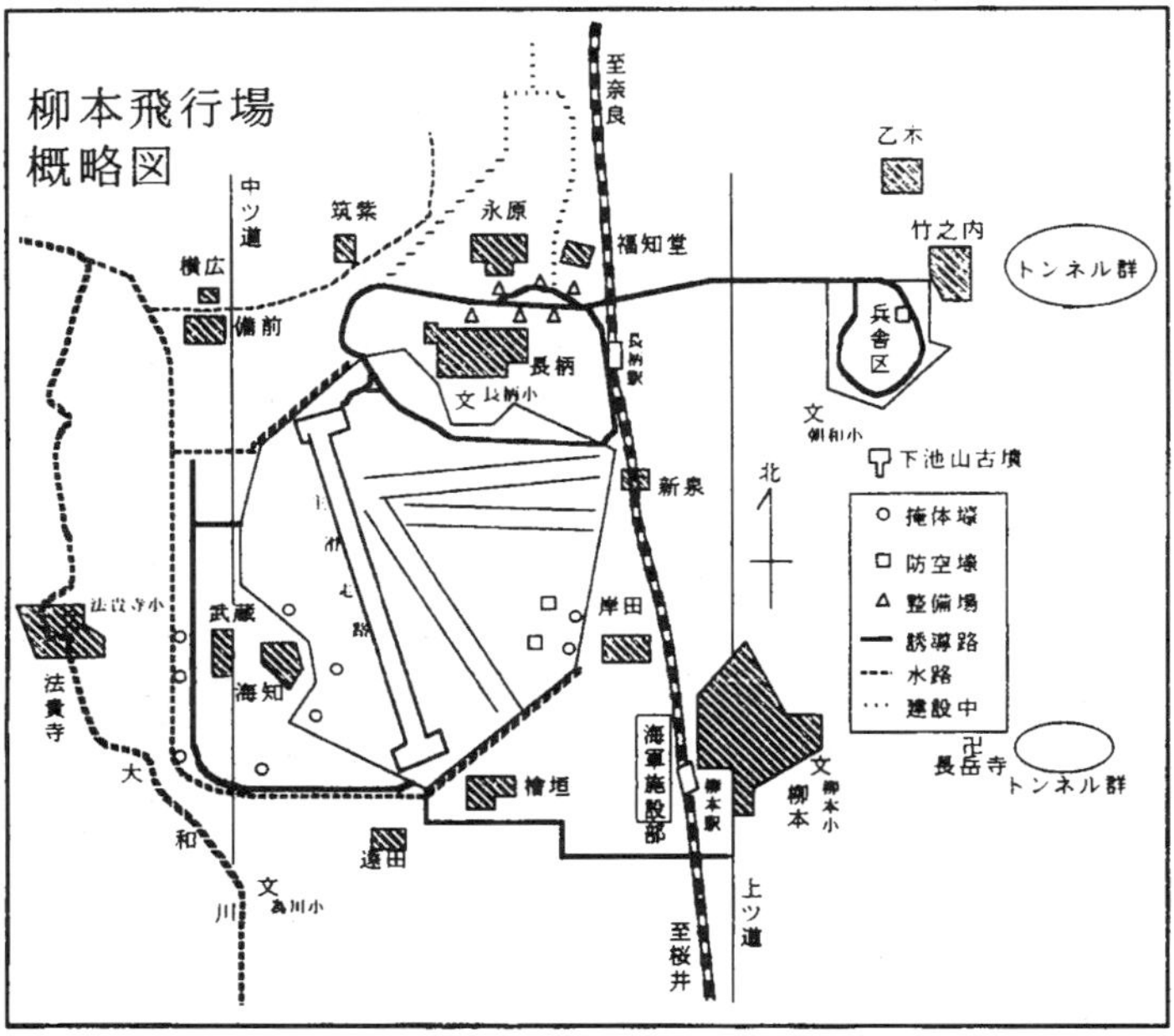

訳とはこんな風にするんだなと、このときはじめて知りました。『もし脱走したら、ひどい目にあわすゾ』とか、ぶっそうな訓示でした」と証言している。

日本が朝鮮の主権を奪い植民地にした一九一〇年以降に日本に来て、建設現場を転々として働いていた朝鮮人、夫婦連れ、家族連れの朝鮮人であれば、通訳はいらないはずであり、「脱走」することもないのである。

厚生省資料の奈良県分に朝鮮人の名簿（軍関係は掲載していない）がある。一九四三年から四五年の三七事業所、三七七名分である。それによると「徴用」と「官斡旋（鉱山統制会斡旋）」の朝鮮人は一四六名。そのなかで「逃亡」したのは七〇名である。そのほかの「自由」となっている朝鮮人労働者に「逃亡」した人はいない。自由に転職している。

朝鮮人労働者の戦後

柳本飛行場で働いた「徴用」、強制連行の朝鮮人は、逃亡以外は日本人が引率して帰国している。一方、日本（柳本）にとどまっている朝鮮人は、「自由」労働者である。

その一人は「私の母親は、慶尚南道で生まれ、十四歳で日本に来る。上陸したのは山口県の彦島？　秋芳洞付近の飯場などを転々とし、最後が柳本飛行場の建設現場である」と証言する。「柳本飛行場とはどんな飛行場だったのか、なぜここにいるのか子どもに説明できない。教えてほしい」とも言う。

戦後の朝鮮人は、柳本飛行場建設の拠点であった海軍施設部跡に集住する。そして在日本朝鮮人連盟がつくられ、帰国のため、生活の安定のため運動する。運動のひとつとして「国語講習所」が営まれる。日本で生まれたり、日本の学校で学んでいた朝鮮人の子どもに母国の言葉を教え、帰国に備えるのである。そこで使用されていた黒板が現在も存在する。

一九五九年十二月から朝鮮民主主義人民共和国への帰還運動が日本の各地ではじまると、柳本からも複数の朝鮮人が帰国したという。飛行場の西にある集落では、集落のはずれにあった飯場に住む五家族が柳本駅から帰国の途についた。集落の日本人の大半が駅まで見送りに行ったという。天理市の西の端にある二階堂小学校の卒業生は、二階堂小学校でも帰国する朝鮮人がいた、北朝鮮はパラダイスと言っていたという。桜井市の集住地区でも帰国者がいて、「帰国記念」の石碑がある。

奈良県の朝鮮人集住地区の近くの共同墓地には、朝鮮人の墓がみられる。民族名、本名であったり、通名、日本名であったりする。年号は、元号であったり、西暦であったりする。本籍地として、番地まであるのもある。本貫を記しているものもある。家族の名も建立した人として記されている。もちろん「霊標」として、亡くなった人の名前、年齢、死亡年月日もある。戒名の書かれているものもある。朝鮮の文化とは異なる墓であろう。

集住地域であるから、その地域の共同墓地に葬られているのであろう。一方、一九九五年に柳本飛行場跡の説明版が天理市と天理市教育委員会によって設置されたが、設置される前に、「設置されたら、柳本の地価が下がる」として反対を唱える人も出た。

林尹夫の『わがいのち月明に燃ゆ』と斉藤俊彦さんの講演資料

柳本飛行場を調べていることを知った知人から『わがいのち月明に燃ゆ』のコピーを送ってもらった。兄の林克也が書いた「回想に生きる林尹夫」の柳本飛行場に関わる部分である。それ以外を筆者はまだ読んでいない。柳本飛行場に飛行機があったことを、出撃していることを証明している文献に出合ったのは初めてであった。

斉藤俊彦さんの講演資料・講演記録を永島昇さんから送ってもらった。そこには、「林尹夫が一九二二年に長野県で生まれ、神奈川県で育ち、横須賀中学から旧制第三高等学校、そして京都帝国大学へと進学し、一九四三年十月二一日に学徒出陣しています」と書かれている。

京都大学の壮行会は一九四三年十一月二〇日であるから、東京の十月二一日の壮行会に行ったのであろうか。筆者は二〇〇二年から五年連続で国立競技場へ行ったのであるが、初めて行った二〇〇二年十二月一日は雨であったこともあり、出陣学徒壮行会のことを思い出した。次の年は壮行会から六〇年目であり、気を付けていたが、マスコミが触れているのを見ていない。

京都大学から入隊した人は四五〇〇名。そのうち戦死した人は二四六人という。

柳本飛行場建設に関わって、京都大学工学部出身の朝鮮人親方がいたという証言がある。その親方の下で働いていたのは朝鮮人労働者であるが、当時の夜間中学に通いながらその親方の下で働いたという日本人にも会った。その日本人は言う。「過酷な労働ではなかった。食事はよかった。レベル（水準器）を巧みに使って滑走路をつくっていた。強制連行・強制労働などなかった」と。親方は近くの集落に住み、別に労働者は飛行場敷地内にあった飯場に住んでいた。戦後の一時期その飯場で住んでいたという在日コリアン女性と一九九九年にその飯場を調査に入った。その一室には民族名の表札が掲げてあり、生活に必要なものがそのまま残されていた。建物は二〇〇四年に焼失した。

朝鮮人の親方が子分を連れて飛行場建設に当たったという証言が、別々に数件あることも事実である。

斉藤俊彦さんの講演資料⑯「性欲、僕は今何と肉の結合にあこがれる事か」⑰「共生という愛の姿」⑱「自己の求める性のあり方」に、二〇歳前後の林尹夫の性に対する考え方が出ていると思う。とりわけ⑱の「彼。娼家へ。(共に寝た。) 俺は憤激した。」は、純粋で真面目なものである。しかし、戦争のなかで、軍隊のなかで、性の問題はどのような状態になるのか。

日本軍は戦場に「慰安婦」を連れ歩いた。戦後、一九四五年八月十八日に内務省は「占領軍の進駐時に間にあうように進駐軍将兵用の性的慰安施設の設営を急げ」と緊急指令を出した。奈良県も性的慰安施設をつくった。奈良市を中心に二六〇〇名の米軍が来るからである。米軍は柳本飛行場にも兵器・弾薬の処理のため一五〇名やってくるが、その一五〇名のための性的慰安施設も現在の天理市に設置している。奈良県のこの慰安施設は二か月でGHQによって閉鎖される。理由は「性病の蔓延」である。しかし、進駐軍将兵相手の密売慰安施設がかえって激しくなるのである。

この米軍の占領軍は、一九五〇年にはじまる朝鮮戦争の後も引き続き奈良市に駐留する。朝鮮戦争から帰休する国連軍の休養と慰安のための施設ＲＲＣが一九五二年につくられるのである。現在の沖縄と同じ状況になったのである。沖縄で米軍関係者による強姦事件が多発しているなかで、維新の会の橋下市長・知事が「風俗産業を使え」と言った。柳本飛行場跡の説明板を撤去した天理市長が、公務出張中に風俗産業を使ったと、週刊誌が暴露した。

斉藤俊彦さんの講演資料㊳八〇一空「飛行機隊戦闘行動調書(一九四五・七・十二)」(防衛省防衛研究所の資料)は小さくて読むことができない。その下に写っている写真もはっきりとはわからない。

講演資料㊴「大和基地通信兵による証言」(その一)に「操縦士は、慌てて操縦席の風防をあげ機から脱出しようしたが、その瞬間激しい機銃掃射を浴び、機体から転げ落ちた。その後がどうなったか見届けていないが、この事はとてもよく覚えている」

講演資料㊵「その後、八月九日、第三航空司令部臨時

第五十三航空戦隊付となり、飛行場の傍の小高い中腹に作られた通信施設で通信の業務についた。そこでは上官に通信がわかる人はいなかった。時々受信機に耳を当て、よくこんなのがわかるなあと言っていたくらいだった。傍受した内容がどのように使われていたのかも通信兵には分からなかった」

この三つの資料は林尹夫が柳本飛行場にいたことを示す資料であろう。

資料㊳の日付から考えると、この日に美保航空隊から柳本飛行場に来たか、来る命令があったかであろう。

資料㊴は、林尹夫が柳本飛行場にいたときにあった米軍の機銃掃射であろう。一九四五年七月十一日から林尹夫が出撃する七月二八日までの柳本飛行場での出来事であろう。その間の柳本飛行場の状況をみてみると、

※七月一〇日、未明、大阪堺の空襲。B29、一〇〇機来襲、奈良からも西方が明るく見える。

七月十二日、未明、空襲警報あり。

七月十四日、午前、新王寺駅付近、機銃掃射で二名死亡。

七月十八日、茨城県百里ヶ原基地より戦闘三〇八飛行隊のゼロ戦三二機が飛来する。

七月十九日、朝十時ごろから空襲警報。艦載機が機銃掃射する。夜十一時より敵機上空を通り北へ向かう。

七月二〇日、柳本飛行場でP51が機銃掃射。

七月二二日、正午ごろ、空襲警報。P51が大和に侵入し、飛行場を襲う。

七月二四日、一日中敵機が上空を乱舞。(王寺駅で機銃掃射。米機ガンカメラで撮影)

七月二五日、空襲警報、警戒警報、警報解除とサイレンしきりに鳴る。

七月二八日、P51が十二機上空に来る。旋回しては柳本飛行場を襲う。長柄の民家三戸焼失。

その後は、七月三〇日、八月一、八、十四日と空襲がある。また、八月十五日の正午以降に柳本飛行場のゼロ戦は全機出動し、朝鮮人の暴動を予測して威嚇飛行を行っている。

資料㊵の「飛行場の傍の小高い山の中腹に作られた通信施設」とは、下池山古墳に作られた通信施設のことであろう。下池山古墳は一九九五年に発掘調査が行われたが、石室の天井石の上に柱穴がいくつも空いていて、そこが通信施設といわれている。飛行場が見下ろせる場所である。墳丘上には現在も鉄筋の入ったコンクリート塊がある。

林尹夫が軍隊内で書き続けた遺稿ノートに、日本の敗戦を確信していたことが書かれているという。柳本飛行場建設に勤労奉仕に行っていた天理語学専門学校（朝鮮語）一年生は、「タムベチウセヨ」と金原某と作業服の胸に日本名を記した布札を縫いつけていた朝鮮人軍夫に声をかけたり、朝鮮人軍夫が日本の敗北を予言していたこと、日本人には厳秘になっていたミッドウェー海戦の敗北を朝鮮人軍夫がひそかに語っていたことを著述している。つまり、強制連行で柳本に来ていた朝鮮人が日本の敗戦を確信していたのである。

冷静に、かつ客観的にみれば、日本の敗戦はわかるのである。一九四五年二月十四日、「日本帝国」の中枢にいた近衛文麿が天皇に「敗戦は必至」と言っている。帝国日本の臣民は、臣民であるがゆえに、国体の護持をいう。

植民地にした朝鮮の人々をも「臣民」にしたてあげた。『奈良県警察史』に、「皇国臣民化」のために協和会組織をつくり、朝鮮人に神棚設置や伊勢神宮拡張工事への参加を促したことが書かれている。

林尹夫と柳本飛行場

林尹夫は一九四五年七月二八日午前零時に柳本飛行場を一式陸攻一機で出撃し、「午前二時二〇分に第二電『ツセウ』（敵戦闘機の追跡を受く）を連送、それなり電波は停止した」。撃墜されたのである。その前後、柳本飛行場は大いに空襲を受けている。柳本飛行場から出撃しているからでもある。美保航空隊から九六陸攻で来た搭乗員は、七月九日には柳本飛行場から八〇数機が出撃し、帰還したのは二五、六機という。

八月十五日敗戦で、十月十二日に米軍は柳本飛行場でゼロ戦などが並べられた写真を撮っている。米軍への引渡目録には十一種一四〇機の飛行機があったと記載されている。

林尹夫は、美保海軍航空隊から大和海軍航空隊（柳本飛行場）に来て出撃している。

美保海軍航空隊は、第一と第二に分かれている。第十三期（前期）甲種飛行予科練習生と教員（海軍飛行科予備学生など）が、一九四五年二月一・二・十日に赤とんぼ五四機とともに柳本飛行場にやってくるのも第二美保航空隊からである。その教員のひとりは、一九四四年一月末に第二美保航空隊に転勤する。十九歳の春である。第二美保航空隊は建設途上の航空隊で、「主として今の韓国人が大勢作業に来ていた。……その作業場へよく行った。そこは人間どうし面白おかしく焚火を囲んで、いろいろ手振りで話したのも懐かしい」と証言している。林尹夫は目撃していないのであろうか。

もうひとつ、一九四五年七月半ばに柳本飛行場に茨城県の百里ヶ原基地から来たゼロ戦三二機を目撃していないのだろうかとも思う。そして、柳本飛行場での空襲を目撃していないのか。

あとがき

この文章を書くにあたって、ユーチューブで一九四三年十月二一日の東京神宮外苑競技場での出陣学徒壮行会の映像を見た。学生の詰襟の服はシャンとしている。一九三九年五月二二日に皇居前広場での「陸軍現役将校学校配属令公布十五周年記念青少年学徒御親閲」で天理中等学校（夜間定時制）の生徒が着ている詰襟の服はヨレヨレである。参加した生徒の一人は朝鮮人で、民族名で親閲式の感想を書いている。まさに皇国臣民として書いている。一九四〇年から創氏改名が行われるから当たり前の話であるが、一九四〇年以降、筆者が退職した二〇〇九年まで、天理中等学校（現在の天理高校第二部）の朝鮮人生徒の本名は表には出ない。

林尹夫は恵まれた家庭に生まれているのであろう。大学へ進学しているのであるから。当時の大学進学率は、中学進学率は、と思う。

中学校、女学校では、低学年が飛行場建設に、高学年が県外の軍需工場に勤労奉仕に行っている。一九四五年四月からは、授業はなくなっている。中学校の半ばで予科練に入ったものも多くいる。学校で軍人が募集するのである。

林尹夫が入隊した一九四三年に予科練に入った者は、一部飛行機での訓練を行った者もいるが、大半は飛行機には乗っていない。そのあとの十四期予科練は、飛行機を見たことがなかったという人もいる。天理市街地の天理教の建物を利用して開隊した三重海軍航空隊奈良分遣隊で一九四三年十二月一日に入隊した一万一六〇一名は、飛行機に乗る訓練はほとんどしていない。どうなったのかというと、ベニヤ板張りのモーターボートに二五〇キロ爆弾を装着し敵艦に体当たりする「震洋」や人間魚雷「回天」などの要員として長崎の川棚や山口の大竹などで訓練を受ける。しかし、大半は飛行場建設やトンネル（地下壕）掘り、訓練場の整備を担当している。天理にある天皇の「御座所」用トンネルを掘ったのは二〇〇〇人の予科練であると一九四五年十一月十三日の朝日新聞に書いてある。天理市街地に「予科練川」と呼ばれていた水路（布留川北北流）がある。予科練が掘ったという。

一方、柳本飛行場へ来た同じ十三期甲種予科練は、十月一日に鹿児島で入隊（四三六七名）している。そのうち一七六名が美保航空隊へ行き、そして柳本飛行場へ来る。飛行機に乗ってきた予科練生は十三名である。いろいろな場面でふるいにかけられるので、搭乗員となるのは少数である。ふるいにかけられ、はじかれた者は飛行場の建設などにあたることになる。柳本飛行場の兵舎区に住むのではなく、飛行場近くの民家に「下宿」するのであり、小学校の校舎で寝泊まりしながら現場監督や労働者として働くのである。搭乗員となった者は、神風特攻隊「千早隊」を結成し、さらに鈴鹿基地、峯山基地、笠ノ原基地で特攻訓練を行った。笠ノ原基地で、班長から遊郭へ行って来いとサックと割引券をもらい、二時間かかって八キロを歩き、遊郭まで行ったという者もいる。遊郭は将校用と下士官兵隊用があり、兵隊用は満員、将校用に行き、「俺達は明日特攻で沖縄へ行く。死ねば二階級特進で将校になる」といって無理に登楼したと。そういう予科練もいたのである。

また、第二美保航空隊から柳本飛行場に初めて着陸したときに、モッコを担いでいた郡山の遊郭の女郎たちが近づいて来て「兵隊さん、たまには遊びに来てください」と言ったという。

海軍飛行科予備学生と海軍飛行予科練習生は、軍隊での階級差以上の格差がある。そのへんの理不尽さを林尹夫の「遺稿ノート」に書いてあれば、そして朝鮮人をどのように見ていたのかが書かれていれば、と思う。


（奈良県での朝鮮人強制連行等に関わる資料を発掘する会）

女学生の学徒動員

―軍需工場での労働経験について―

井室　美代子

一九四一（昭和一六）年十二月に太平洋戦争が始まり、一九四三（昭和一八）年、戦局が、日々厳しくなるなか、学生・生徒の徴兵猶予が停止され、勤労動員令が発布されました。私の勤労動員経験は、一年早く、女学校四年の時、当時、滝野川（東京都）にあった内閣印刷局でした。「はがき」を束ねたり、「切手」の印刷具合を調べたりの、単純な作業でした。

が、場内の一隅では見慣れない文字と絵柄の「紙幣」が印刷されていました。占領地で使われている貨幣の流通を禁じ、新たに使わせることになる「軍票」とのことでした。物心ついた幼時から戦時は日常の私でしたが、占領地の人々の一変する生活の苦しさが思われた一瞬でした。

一九四三年、私は女子師範に進みますが、まともに学習できたのは、ほんの数か月でした。服装も入学当時のセーラー服にスカート姿からすぐに和服式の上着にモンペに変わりました。二年生からは、大半は今スカイツリーの立っている場所にあった「大日本兵器」での勤労動員に駆り出され、東京郊外の我が家から朝五時起きで、帰宅は夜の七時八時。休みの日は月二度の日曜日だけという、機関砲の弾磨きに従事しました。

家から持参の割りばしに、やはり家から持参のぼろ布をまいて、足踏みの研磨機でみがくのですが、数か月たってさびて戻り、磨きなおしたことがあります。「火薬がないため前線に送れなかった」とのことでした。なにかほっとしたのをおぼえています

秋、茨城県の農家の稲刈りの手伝いにいったこともあります。初めての経験で本当に役に立ったかどうか疑問ですが、村にはわかい青年はほとんど見られませんでした。年配の人や女性が、朝早くから夕方になり手元が見

えなくなるまで作業していました。

　そのうち学校全体が工場となり「支那事変論功行賞」の箱の制作に従事することになりました。「いま、なんで？」と生徒の間でも問題になりましたが、「白木」の箱を紙でくるむだけの単純作業でした。

　学習は、休みの日曜日に行われました。久しぶりに受ける授業は、新鮮で今までにない幸福を味わいました。午前午後各一回十分の休み時間は、誰もが持参の書物に目を通していました。わたしは家から持参の『枕草子』や『紫式部日記』などを読みました。皮肉なことですが、本を読む喜びを工場や学校工場での勤労動員で身に染みて知ったわけです。

　そのうち、連日の東京空襲が始まり、私は、三階の上に立つ塔のはしごにのぼって、状況を報告する係になりました。登るのはとにかく、降りるのは恐ろしく、歯の根が合わない思いをしました。そして、心の中ではこれが何の役に立つだろうと、疑問に思いました。

　しかし、疑問や反対意見を、生徒や従業員など下の者が述べるなど、全く考えられない時代でした。

　勉強らしい勉強もせず、修学年限三年の所を「戦時特例」で二年に短縮され、一九四五（昭和二十）年三月に卒業し、病弱の母の看病のため、学童疎開のない武蔵野の小学校を希望して、赴任しました。赴任先の校長が「代用教員ばかりの所に正規の先生が来てくれた、ありがたい。」と喜んでくれた時、実質は非力で何の力もないのにと申し訳なく思いました。

戦場の学徒兵とその家族の戦中戦後

「球一〇二九〇部隊」上村元太曹長、沖縄・嘉数高地で死す

平野　英雄

はじめに　遺されたふたつの遺稿

上村元太は、一九四三（昭和十八）年一月一〇日学徒召集により中部第三八部隊に入営した。『聖戦日記』と刻印された兵士が携行する小さな軍隊用手帳に、初年兵教育をうけている軍隊生活の日々を書き記している。入営半年後の六月一六日から約十一ヶ月間の手帳には、反軍的にならざるを得なかった苦悩を万年筆でびっしりと書きとめていた（注）。

その後、沖縄本島に配属された実戦部隊から元太は軍事郵便を母りう（利宇）宛に何度か送っている。しかし、現在唯一残っているハガキは、一九四五（昭和二十）年一月十五日（消印）のものだけである。

ハガキの宛名は「埼玉県大宮市中町二丁目三八三五　上村りう様」で、差出地は、「沖縄県那覇郵便局気付　球一〇二九〇部隊本部　上村元太」とある。

みなさまお元気ですか
相次ぐ日米決戦の報に私達も遠く母者の身など思ひ来るべき日を待ってをります。
泥濘、風雨の連続の日々です、しかし最后まで何者にも負けず強く己の倫理を踏み通して行く覚悟です。
正しき人として育てられたことをつくづくと今更感謝してをります。龍テキや美彌子をお願い致します。
今日はこれで失礼します。

元太の「ハガキ」については、いくつも部隊から送ら

れてきたという。弟の龍太のことを龍テキ、末っ子である美彌のことを美彌ッぺとよび、またそう書いてきたし、沖縄の女性は瞳が大きい、サトウキビがおいしい等と書いて送ってくれたことを、美彌氏は記憶している。しかし、いま遺されているのはこの沖縄からの一葉のハガキのみである。

『聖戦日記』という手帳と、この沖縄からのハガキ一葉は、四男の龍太氏が亡くなってからは上村ご遺族の末娘である山田美彌氏のもとに現在残っている。戦没学生上村元太の遺品として残されているのは、このふたつがすべてである。

(注)『新版きけわだつみのこえ』一九九五年十二月、一二〇～一三四頁所収。『わたつみのこえ』一三一号二〇〇九年十一月に全文覆刻されている。

学徒兵上村元太の戦歴
……初版から新版の『きけわだつみのこえ』から

生来、上村元太は文章を書くことを好み、遺稿となったノート類はかなりの数あった。敗戦後、まだ自立生活のできていない弟妹である龍太、美彌の二人は、母方の親戚で育てられた。

元太の書き遺したものは、その生活のなかで従兄弟たちも読んだことがあり、伯父たちの家庭の事情についての記載もあったという。それがいつの日か伯父たち家族にとって禍根を残すことになるとすれば……、と伯父丸山悦三は熟慮してうえで処分してしまった。だが、そのなかで『聖戦日記』(軍隊用手帳)だけは、亡き元太の人物を知るには貴重な遺品であると伯父丸山悦三は考えて大事に残しておいた。

そのころ、全国の戦没学生の手記の募集があった。一九四八年四月、日本戦没学生手記編集委員会(東大協同組合出版部気付)が結成され、全国の大学、高専出身の戦没学生の遺稿を募っていた。編集委員会は遺族のもとにある遺稿を集め始めた。そして各新聞社に戦没学徒の手記の募集の記事を掲載してくれるように訴えた。当時、新聞は用紙不足で表と裏の二面のみの時代であった。したがって掲載されても見逃しかねない短い募集記事であったが、それでも遺稿は全国から総計三〇九通も編集委員会に届いたのである。

叔父丸山悦三氏が上村元太の軍隊用手帳の遺稿をそれに応募してくれたという。元太の軍隊日記はこうして一九四九年一〇月発行の『きけわだつみのこえ』に収録されたのである。

初版の東大協同組合出版部版では、遺稿本文の前にある「略歴」欄に、卒業年次と入営年次、戦死年次と場所、年齢が記されている。叔父悦三氏の作成を基にして「昭和十七年中央大学専門部卒業。十八年一月十日入営。二十年四月**沖縄**にて戦死。二十四歳」と記録されている(注)。

それ以後、『きけわだつみのこえ』は版をかさねていった。そのなかで「上村元太の履歴」も変化し詳しくなっていった。

一九五九年十月刊行のカッパ・ブックス版（光文社）では東大版と同じであるが、新たに日本戦没学生記念会の監修となり、巻末に「⑴生年月日、⑵出身地、⑶出身校と卒業年次、⑷入営年次、⑸戦死の場所、戦没当時の階級と年齢、⑹遺族の現住所」が加えられた。上村元太の⑸については「**沖縄本島首里**にて戦死」と詳しくなった。一九八二年（旧）岩波文庫版は光文社版を踏襲している。

そして戦後五〇年を迎えた一九九五年十二月に岩波文庫は増補改訂された新版が出版された。その『新版きけわだつみのこえ』では、これまでの各版とも日記七日分の遺稿掲載が、四男龍太氏の資料提供によって新たに六日分加わり十三日分の日記が増補された。また、(三)「軍歴」も詳しくなり、「**中部第三八部隊**入営」と部隊名が新たに加わり「(四)戦没の日付と事由、戦没時の軍人としての階級、満年齢」の項では上村元太は「一九四五年四月二十一日、**沖縄本島宜野《ぎの》湾方面戦**において戦死。二十四歳」と、戦没した事由が「沖縄本島首里」から「沖縄本島宜野湾方面戦」とさらに具体的に記された。『こえ』では「階級」はいまだ**不明のまま**であった。

沖縄本島宜野湾方面戦での、宜野湾の位置は本島中南部である。そこは沖縄戦の戦闘で最も苛烈を極めた戦いのあった地域である。「最后まで何者にも負けず強く己の倫理を踏み通して行く覚悟」を母に伝えた学徒兵上村元太が、沖縄戦でどんな任務を担い、どのような中南部での戦況のなかで一九四五年四月二十一日に戦死していったのか。初年兵として軍隊生活での日記で、おのれを忘れず、母のこと、家族のことを思い一日でもはやく帰りたかったと願っていた「学徒兵上村元太の沖縄戦での戦死にいたるまでの具体的な過程」を、ご遺族から知り得た話と資料、そして可能な限りの周辺資料のたすけをかりて、その実態・実像にせまればと願う。

また、兵士の軍隊生活があれば、兵士をおくりだした（軍隊ことばでいう）「娑婆」＝世間があり、兵士として家人を送り出した、送り出さざるを得なかった家族の生活がある。

戦場における学徒兵・上村元太とその家族の戦中戦後

の生活も追ってみたい。

上村家の戦中生活

元太の上村家の家族構成とその歩みをみてみる。

父、良松は、一八九〇（明治二三）年三月二十三日、上村家の長男として三重県北牟婁郡尾鷲町（現尾鷲市）大字南浦一二〇番地で生まれた。母の利宇は、一八九七（明治三〇）年六月三十日、埼玉県北埼玉郡屈巣《くす》村（現川里村屈巣）生まれである。

父は三高そして京都帝国大学を卒業後、勤めていたビール会社のある門司で一九一八（大正七）年利宇と結婚した。その年、長男秀太が福岡県企救郡大里《だいり》町（現北九州市門司区大里町）で生まれた。

その後、家族は兵庫県尼崎市大物町一〇四番地に移転し、この地で次男の元太が一九二一（大正一〇）年一月一日に生まれた。「正月」生まれに因んで「元太」と名をつけたという。その二年後の六月、三男雷太が元太と同じく尼崎市の別所で生まれた。

四男の龍太は一九二八（昭和三）年五月、父の故郷である尾鷲市大字南浦で誕生した。五番目の子である長女美彌は、一九三三（昭和八）年六月埼玉県北足立郡大宮町大字大宮（現さいたま市大宮区）で生まれた。

上村家の七人家族での一家団欒はそう長くは続かなかった。美彌がまだ三歳のときに父は病気になり四六歳（一九三六年十月）で他界した。さらに幼い美彌を赤いネンネコで羽織り背負って旧制浦和中学へ通ったこともあったという、やさしい長兄・秀太が父の死後二年、一九三八（昭和一三）年二月に二十歳の若さで病死してしまった。旧制浦和高校生のときである。長兄について元太は『聖戦日記』でこう書いている。

文科系統の学業停止と聞く。時局は終にここまできた。……兄は良いときに死んだものだ……骨の髄まで自由主義者の秀才は今仮に生きてゐたら自殺の悲劇を生んでゐたらう。……『思想と現実の離反』彼の死は矢張り自殺とした方が、当を得てゐる。……鈍才の俺は今まで生きてゐる。母者のために生きてゐる（一九四三年七月二六日の項）。

父そして長男をも亡くした上村家では、十七歳になった次男の元太がその代わりに働き頭として生活を支えなければならなかった。母の兄である伯父の丸山武治が国鉄に勤務していた。その関係で元太は旧制浦和中学を卒業後、東京駅にある東京鉄道局文書課に勤務しながら中央大学の夜学部に通った。一九四二（昭和一七）年、中央大学専門部法科を卒業した。二一歳である。向学心ある元太はその年の十月、さらに同大学の経済学部に入学した。

元太、三男雷太、相次いで招集される
……「兵籍簿」から

元太は経済学部入学してからわずか三ヵ月後、一九四三年一月一〇日に学徒招集された。家族を支えなければならなかった元太を軍隊が引き離したのである。

元太の生まれは兵庫県尼崎市で、入営時期に住んでいたのは埼玉県大宮市で、本籍地は父の生まれ故郷三重県である。元太は徴兵検査をその三重県で受け、一九四三年一月一〇日、中部三八部隊に入営した。

中部三八部隊で最初に配属された中隊は判っていない。中部三八部隊はビルマへ行った「歩兵一五一連隊」やレイテに行った「歩兵三三連隊」の補充隊といってもよいのかもしれない。津連隊（久居連隊）が出征した後に、その補充のため置かれた部隊のようである。

母と四男龍太と幼い美彌は、中部三八部隊の津まで元太の大好きなオハギ（お萩）をもって面接に行ったことを、美彌氏はよく覚えている。

続いて三男の雷太にも元太が招集された一年後に召集令状が届いた。雷太については三重県庁にある「兵籍簿」関連文書である「履歴書」で戦歴を知ることができた（注）。

雷太は一九四四（昭和一九）年一月一〇日に臨時召集され、砲撃第三連隊に応召した。二等兵としてまもなく鉄道第二連隊補充隊に転属され、三月十二日下関港を出発し釜山港に上陸した。朝鮮・満州の国境を通過して、山海関を通って華北の安徽省に十八日に着いた。そこで軍務に勤めて半年後一等兵に進級したが、雷太はこの駐屯地で兵役を勤めているうちに重い病を患ってしまった。

こうして大宮の上村家には母と十五歳の四男龍太と十歳の妹美彌だけが戦時下のなか残され、元太、雷太の兄たちの一日でもはやい兵役解除を待ち望むことになる。

（注）「兵籍簿」関連文書は本籍地の県庁が保存。入隊から除隊した時期まで軍隊に所属していた経歴、階級などが精しく記録されている。軍隊の各隊に初めて入隊した者、あるいは軍学校に入学した者、また初めて将校に任官した者などは軍籍に入れられ、「戸籍」相当の兵籍に記載される。ご遺族は美彌氏ただお一人になったおり、兄元太および雷太氏の「兵籍簿」を本籍地の三重県庁に問合わせることをお勧めした。三重県庁からは、戦病死した三男

雷太の「兵籍簿」は一応存在し、それは「兵籍簿」原簿ではなく「履歴書」として転記したものがある。が、元太氏の「兵籍簿」は確認できない。ただ元太の階級が「曹長」として戦死した記録はあるという回答であった。わたくしの「兵籍簿」に関連した記述は、この美彌氏の資料とお話しを基にしている。

三重県庁には、戦死者の半数の「兵籍簿」は残っていないという。占領期、廃棄・消失されたのか。戦死した兵士の相当数の軍隊履歴が公的記録では不明のままの「戦死者」として現在に至っている。

元太、「乙種幹部候補生」にさせられる

……『聖戦日記』より

元太の『聖戦日記』は、一九四三年六月十六日、「1MG巡視中隊」と記した後に「今日より再び新しい中隊の一員となる」から書き始まっている。

「MG」とは、「Machine Gun=機関銃」のことで、その日から一一月九日までの約五ヵ月間のできごとをこの軍隊用手帳『聖戦日記』に書いている。そして手帳末尾に「野田隊　上村元太」とある。そのことから、あらたに転属された隊は野田中隊長率いる「第一機関銃巡視中隊」であると解しておきたい。

『聖戦日記』は、「軍部を思想上の最も下劣な敵と意識して」いた元太が味わう軍隊生活、内務班の実態とそのなかでの元太の思索の記録である。なによりも母を想い、家族を思い、一日でも早く家に帰りたい気持ちと、それだけに隊内では口には出してはいけない本音や軍隊批判など嫌悪する気分を綴っている。

入営半年たっても元太のような兵士にとっては

軍隊でまあ数へられないほど、スゴイアッパーカットをくらいつづけてゐる者は、あたかも起床ラッパで起きねばならぬ絶対的な苦痛に等しいときり思はれなくなってきてゐる

「なぐる哲学」

「なぐられる哲学」

一度ゆつくりと考へてみたい。

それでも元太は学徒兵として幹部候補生試験の受験を課せられていた。試験が近づけば近づくほど、元太は思い惑った。生きて帰り母や弟妹を養わなければならない。その気持ちが元太に幹候試験に落ちる決意をさせた。

「口頭試問」を受ける。

久しぶりに、思ふことを大胆にのべ気分はる。アメリカについて知れる処では、徹底的に民主政治を謳歌してやり土屋主計（少佐）を苦笑させ、彼等とて、日本人と同じ強さの愛国心を有し、この戦争は絶対に徹底的に勝ちを得るを困難と思ふと断じる。

など「思ふことを大胆にのべる」。敵性国語として「無益な英語廃止について談じ切る」敵愾心の問題、さらに国家総動員についても試験官を困らせるほどの「痛快な議論」をする。「筆記試験」では「概ね0点に等しい、兎に角落ちねばならぬのだ。」それも母を想い、家族を思って将校（甲種）や下士官（乙種）になる特典を敢えて拒否する選択をしたのであった。「幹候の試験の発表は十日だとの話であったが、落ちるだろう。それこそ落ちてみせむだ」と元太は信じていた。

「運命の皮肉、人生の皮肉、幹候にうかつてゐるとは。泣いた、心から」、でてきた結果は幹候の試験に合格したのである。なぜ?と自問する。

口述試験で男を買はれたときり思へない。思想と大胆は我ながら群小の奴輩とは異なりをつたと。その一時的な喜びが、かくも転換するような結果になろうとは。

元太は考えてもいなかったのである。

戦局はそれほど士官・下士官が不足なのか。元太は、員数あわせになることはそれこそ大変だ、と思っていた「乙種幹部候補生」に、「しかもどんじりで合格して居るとは」。元太は下士官コースをたどることになったのである。『きけわだつみのこえ』のどの版でも、上村元太の「戦没時の軍人としての階級」は「不明」のままであったが、三重県庁に問いあわせた「兵籍簿」関連の文書から、上村元太の「軍歴」では「**階級**」だけが判った。「**曹長**として戦死した」と記録にあるという。

このことから日記とこの県庁資料によって、元太は乙幹により下士官となり、階級は曹長として軍務に従事していたということになり、遺されていた母へのハガキに書かれた「球一〇二九〇部隊本部」で、元太の軍務は「曹長」として務めた、ということになる。ふつう「曹長」とは中隊付きでない者は部隊本部及び高等司令部の事務室において書記として事務に従事する。「曹長剣」と称する長い刀を吊り長靴を履いたという。学徒兵上村元太がそういう軍装をしていたか否かは分からぬが、「球一〇二九〇部隊」の「本部」でそのような任務に従事したのであろう。

上村元太曹長、沖縄守備軍の「独立機関銃第四大隊」に配属される……偕行文庫資料より

では「球一〇二九〇部隊」とは、具体的にどのような部隊であるのか。

「球」は兵団文字符を示し、「一〇二九〇」は部隊の通称番号である。「球」は沖縄本島に配属された第六二師団のことである。通称番号「一〇二九〇」部隊とは「**独立機関銃第四大隊**」を示している。その部隊に上村元太は配属されていたのである。

「独立機関銃第四大隊」は、一九四四（昭和一九）年六月二十四日、軍令陸甲第七〇号により臨時動員を命じられ編成された。人員・兵器は、大隊本部人員一〇名、中隊（人員一〇八名）は三個からなる編成定員三三四名からなる。中隊は四小隊、重機関銃八を装備し、自衛用兵器として小銃一〇〇を増加装備していた。

補充担当部隊の通称番号は中部一三七部隊、所属部署は一九四四年八月から第三二軍（沖縄守備軍）である。主な駐屯地は沖縄本島と本島の本部半島から八キロ離れた伊江島を命じられた。

「独立機関銃第四大隊」の実際の人員合計は三一〇名で、大隊本部は大隊長陶山勝章少佐以下将校三名、准士官以下六名、計一〇名である。第一中隊は中隊長大野治平中尉のもと人員は一〇二名、第二中隊の中隊長は松尾俊次中尉が人員八五名を率いていた。この第一、第二中隊は沖縄本島の守備に就き、第三中隊は中隊長小川勇中尉のもとで伊江島守備のため人員は一〇八名が駐屯していた。

このことから上村元太の「独立機関銃第四大隊」は一九四四（昭和一九）年六月二四日緊急動員で編成され、沖縄の第三二軍（沖縄守備軍）の直属部隊であるが、八月には第六二師団に配された。大隊長陶山勝章少佐以下一〇名の本部に「曹長」として上村元太は、軍務に務めていた、と考えられる。

唯一遺されていたハガキは、曹長上村元太が第三二軍（沖縄守備軍）の直属部隊である独立機関銃第四大隊の本部におり第六二師団に配属されていたときのものであり、その日付から上村元太の部隊が沖縄に駐屯した一九四四年八月から半年ほど経ったときの「母への便り」であった、といえる。

（注）ここでの記述は、主に靖国偕行文庫室の西村正守編『戦史・戦記総目録（陸軍篇）』地久館、昭和六二年八月、『独立機関銃大隊編成概要』、『沖縄作戦における第六二師団戦闘経過の概要』第三二軍残務整理部、一九四七年三月二

五日、「部隊詳解」などの資料と室長の指導による。

沖縄守備軍の編成

かつて琉球国が琉球処分によって沖縄県となった一八七九年から少数の熊本鎮台沖縄分遣隊が一時期（〜九六年）置かれたことはあったが、「沖縄の軍備は連隊区司令官の軍馬一頭」といわれたほど無防備な、それだけに戦争から最も縁遠い平和な島嶼であったはずの「沖縄」であった。

太平洋戦争に突入し日本軍は緒戦では華々しい戦果をあげて国民に六カ月ほど幻想をいだかせたが、一九四二（昭和一七）年六月にミッドウェー海戦で日本軍が敗北した。これを境に、日本軍は徐々に後退し南太平洋上の数々の島嶼の基地も奪われ制空・制海権も失っていった。大本営は一九四三年夏から、マリアナ方面の戦況を挽回し支援するために、航空戦力の強化をはかって抗戦する作戦を構想した。巨砲大艦主義から遅れている航空主力主義への転換である。航空母艦も航空機や搭乗員も不足の状態だが、当初の任務としての航空基地建設が進められていた。伊江島、沖縄本島、石垣島、宮古島などの沖縄諸島に一五ヵ所の飛行場用地は沖縄県民の住居地や耕作地を問わず強制的に収用し、子どもから老人まで県民を徴用して建設を強行し、これらの「不沈空母」から特攻機を発進させる構想である。

しかし、アメリカ軍の反攻が本格化していき日本軍の絶対防衛圏であったサイパン島の日本守備隊が七月に全滅した。日本軍は陸海軍合わせて将兵四万三千六八二名中、戦死者四万一千二四四名をだす、まさに玉砕であった。さらに悲惨であったのは出稼ぎなどの在留邦人が約二万人いたが、この激戦でそのうち約八千から一万人が犠牲となった。その中で沖縄県民の犠牲は約六千人とみられる。マリアナ諸島の日本軍の「要衝」が崩壊すると、アメリカ軍はさらにグアム島、テニアン島を占領した。この三島に空軍基地を急造し、大型戦略爆撃機B‑29（航続距離六六〇〇㎞）を出撃させて日本本土を無着陸で空襲できるようにした。

大本営は一九四四年三月に、南西諸島方面防衛強化のため沖縄守備軍として「第三二軍」を創設し、部隊の増強をはかった。その主眼は「本土防衛と南方圏の交通の確保」であり、その作戦準備は「航空機主体による作戦準備」が最重点とされた。第三二軍は、これまでの戦闘・兵站輸送の中継基地として航空基地の設置・維持を主たる任務としていた。しかし、七月にサイパン島で日本軍が全滅すると、八月には第三二軍の司令部の人事は一変し、この航空機主体の作戦計画も変化していくことになる。

新たに陸軍士官学校長の牛島満中将が司令官に、参謀長には関東軍総司令部付きであった長勇少将が任命され、高級参謀の八原博通大佐らの新司令部のもと、堅固な陣地を設ける全島要塞化へと基本作戦の変更をおこなった。沖縄諸島には中国大陸を転戦してきた部隊が短期間に投入されてしていった。沖縄本島には、第九師団、第二四師団、第六二師団、独立混成第四四旅団が進駐し、第三二軍は学校や公民館などの公共施設、さらには民家までも兵舎とし沖縄は要塞化されていった。

県外引き揚げと一〇月一〇日空襲

八月一日門司港から沖縄本島などへ守備軍の兵員や軍需物資を輸送してきた対馬丸は、その復路に日本本土への疎開船として学童と老人や婦女の輸送をおこなった。同月二十一日、那覇港を学童疎開船として対馬丸は出航し、翌二十二日、悪石《あくせき》島近海でアメリカ海軍潜水艦の魚雷で撃沈され、学童七八〇人を含む犠牲者一四八五名を出す遭難事件が発生した(注)。その二ヵ月半後には、アメリカ空母から飛び立った艦載機一九九機が五次にわたる大規模な空襲をおこなった。那覇市の人口密集地の九割が焼き払われて市民の被害は甚大、第三二軍では飛行場や通信・船舶基地が損害を受け弾薬・糧食の被害は、その後の作戦遂行に大きな影響を与えた。一〇月一〇日空襲がそれである。

対馬丸事件直後には疎開=県外引き揚げへの反発はあったが、この一〇・一〇大空襲をうけて戦局の苛烈さを痛感し県外への疎開が相次いだ。それでも沖縄戦開始頃には、約四五万人の県民、なかでも激戦地になる本島の中南部地域の人が多くとり残されてしまった。この大空襲で沖縄県民には、沖縄戦が間近に迫っていると実感させられ、第三二軍は、沖縄陸軍病院を那覇から南風原《はえばら》に移動し、司令部は那覇市安里から首里城の高台に移り、その地下に壕を掘り始めていった。

(注)『沖縄戦新聞』第2号、二〇〇四年八月二二日、琉球新報。死者数は『アジア・太平洋戦争辞典』吉川弘文館、二〇一五年。

第九師団を台湾に抽出され、戦略的持久戦へ

一〇・一〇大空襲から十日後には、アメリカ軍がフィリピンのレイテ島へ攻撃を開始した。大本営はレイテ島

の兵力を強化するため台湾から移動させた兵力の穴埋めとして第三二軍（守備軍）が拒むも第九師団を抽出し一二月から台湾に移駐させた。守備軍の兵力の三分の一の損失である。大本営は補充予定の師団を「内地の戦備強化」が急務と、その派遣も中止してしまった。本土決戦のための配備を優先させたのである。

第三二軍は、沖縄という要域を確保するための戦略は「水際決戦作戦」である。アメリカ軍の上陸後まだ海岸線に部隊が集結中に射撃を行う。上陸地点で担当師団が海に向かって構築した陣地で阻止し、その間に他の二個師団がアメリカ軍航空機の攻撃のない夜間に進軍し、上陸二日目の夜に砲兵の全力も結集し、その拠点から徹底的な射撃を実施、その後歩兵が突撃し上陸軍を粉砕する橋頭堡殲滅射撃である。各師団にこの機動の猛訓練を実施させていたのである。第九師団の喪失はこの水際決戦を著しく困難にさせることになった。

翌年一月の最高戦争指導会議は、今後採るべき戦争指導大綱のなかで「皇土防衛の為の縦深作戦遂行上の前縁は南千島……沖縄本島以南の南西諸島、台湾……とし之を確保す。右前縁地帯の一部に於て状況真に止むを得ず敵の上陸を見る場合に於て極力敵の出血消耗を図り且敵航空基盤造成を妨害す」とした。

日本本土のみを「皇土」とし、本土以外の地域に上陸した場合は敵の戦力を「出血消耗」させろ、という沖縄などを「捨石」と位置づける認識であり作戦である。沖縄は、アメリカ軍の「日本本土」攻撃の時期を少しでも遅らせるための前哨戦として敵の出血・消耗を強いる防波堤と想定し、沖縄で敵を留めおき時間をかせぐ「持久戦」の場とされた。沖縄を「捨石」にする作戦である。

これによれば、沖縄戦では当初から米軍上陸地点での砲撃による応戦する作戦を行なわない、つまり大本営は水際決戦を放棄して、中南部に引き寄せ遊撃戦を行なう「戦略的持久戦計画」を決定していたのである。

この大本営の決定は、沖縄本島全体を「戦場」として、はじめから約四五万人の沖縄県民の生命や財産を犠牲にすること厭わないことを明確に示している。持久戦であるかぎり、沖縄戦では決定的な勝利を得ることができないことと意味しており、塹壕陣地から出て数度の攻勢を実行すれば、その都度、戦力を削ぎ落として行くのである。

第三二軍（守備軍）は、精鋭部隊の第九師団の喪失により、司令部が指揮するのは第二四師団、第六二師団、独立混成第四四旅団が基幹となり、軍隊の「配置変更」をせざるをえず、混乱を与えることになった。数カ月に渡り各部隊の兵士たちが自分の陣地を構築してきたが、その陣地を捨て新たな場所に移動する。これでは士気低下や徒労感を抱き、資材を消費して作戦準備の意欲にブレーキが罹ってしまうのである。

第三二軍は兵力を補うため自力戦力増強として沖縄県民の一七歳以上四五歳未満の男子、約三万五千名を防衛召集して、各部隊や「防衛隊」と称される補助兵力に編入した。沖縄からはすでに三万人が召集されて沖縄県外の部隊に従軍しており、合計六万五千人が兵士として十分な訓練もなく召集されたのである。沖縄の村には青年男子がいなくなる状況となっていった。その結果、沖縄本島では守備兵力の三分の一が現地召集の補助兵力で占められることになった。また、他に沖縄師範学校、県立・私立の（旧制）中学校の生徒からなる鉄血勤皇隊が、師範学校女子部や女学校の生徒を衛生要員としたひめゆり学徒隊・白梅学徒隊などが組織されて、その数は二千人以上にも達している。

第三二軍の兵力は、陸軍八万六四〇〇人、海軍約一万人、現地徴集の防衛隊員を中心に義勇隊、学徒隊員約二万二〇〇〇人の計約一二万人で構成されていた。軍の主力兵器は機関銃で、重機三三三挺、軽機一二〇八挺を保有し、七〇ミリ以上の砲一九八門、戦車九〇台。さらに戦闘中、戦車や飛行機から外して数を増した。食糧約九ヵ月分(注)。

太平洋艦隊司令官チェスター・ニミッツ元帥配下のアメリカ軍は、日本が第三二軍を編成している一九四四年一〇月、沖縄攻略作戦を「アイスバーグ作戦」と称して最大規模の兵力を編成した。艦船一五〇〇隻、陸上攻略部隊一八万二〇〇〇人、後方部隊をあわせて兵員五四万におよぶ戦力を沖縄にさしむけた。対する沖縄守備軍（第三二軍）は約一二万人。兵力の差は四・五倍である。軍事的に日本は圧倒的に劣勢であった。

（注）防衛庁防衛研修所戦史室『沖縄方面陸軍作戦』朝雲新聞社〈戦史叢書〉、一九六八年。

沖縄戦はじまる

アメリカ軍の艦隊は上陸のための準備を進めその数、戦艦十隻、巡洋艦九隻、駆逐艦二十三隻、砲艦一一七隻、大型輸送船八十隻、戦車上陸用舟艇（ＬＳＴ）八十隻、小型舟艇四〇〇隻という艦艇群が沖縄本島の南と西海岸におしよせてきた。

四月一日午前八時三十分、アメリカ軍は中頭《なかがみ》郡読谷《よみたん》・嘉手納・北谷《ちゃたん》にかけての本島中部西海岸を上陸地点とし、上陸を開始した。この上陸地点は大量の軍隊を上陸させるに適地の幅広い海岸線であり、北（読谷）・中（嘉手納）の両飛行場をすぐに占領できる地点でもあった。

やがて水陸両用舟艇が轟音を立てて進動しはじめた……ついにわれわれは、沖縄に上陸したのだ。しかも一発も弾丸をくらわず、足を濡らしもしないで、日本の土地の上で僕が最初に聞いたことばは、狐につままれたような顔して語る一マリン兵の『何だい、これは。まるでマッカーサー元帥のご上陸と同じではないか』というのであった。実際、信じられない事態であった。恐ろしい殺し合いになるにちがいないと観念していたのに。

と報道したのは、のちに伊江島の戦場を取材中に日本軍の機関銃弾に倒れた従軍記者アーニーパイルである（注）。

第三二軍は「水際決戦」を完全に放棄してから中南部（南部地域北側）から南部戦線への対応に各師団が混迷しており、上陸地点で応戦できず、アメリカ軍の無血上陸を許したのである。その日のうちにアメリカ軍は中・北の二飛行場を占領し、三日には沖縄本島を南北に分断した。アメリカ軍の一部は北上し、あまり抵抗をうけることなく北端の辺戸《へど》岬へ一三日に到達した。本部《もとぶ》半島など北部と伊江島の制圧に入った。

アメリカ軍の主力部隊は、第三二軍司令部のある首里をめざして南下し、これから約三～五ヶ月にわたり沖縄本島での約四五万人の県民を巻き込んだ地上戦がはじまった。

第三二軍司令部は首里城に地下壕内に置かれ、中南部には丘陵部が多く持久戦の地形として適しており、第三二軍の指揮する第六二師団が地下壕や交通壕を備えた主たる防禦陣地を構築していった。

本島を横断する丘陵地形に西側から東側に、牧港《まちなと》〔浦添市〕―嘉数〔宜野湾市〕―我如古《かねこ》〔宜野湾市〕―和宇慶《わうけ》〔中城市〕を結ぶ強固な防衛ラインに、自然要塞（洞窟）やトーチカなどの拠点を塹壕やトンネルなどでつなぐ主たる防禦陣地を配置し、丘陵間の低地や谷間には、防御陣地の突破を試みるアメリカ軍を攻撃する遊撃陣地を築いた。守備軍陣地は、牧港から嘉数、我如古、南上原、津覇を結んだ線上に配備され、ほとんど東西に島を横切る格好となっていたが、それは首里の守備軍司令部を守る数本の防衛戦のいちばん外側にあった。そこでは、藤岡武雄中将指揮下の歴戦部隊である第六二師団が高地に機関銃や迫撃砲をたくみに配置していたほか、陣地のまわりに鉄条網や対戦車砲、地雷原などを二重三重に張りめぐらして守備にあたっていた。

持久作戦は、司令部の首里にいたるまで半円形状に地下陣地を築き、戦力に勝るアメリカ軍を消耗させ南部地域への進軍を阻もうとした。沖縄戦の激戦地は、こうして中南部の高地周辺に集中することになった。首里の司令部まで五キロに迫る位置である嘉数高地、上村元太のいる機関銃部隊の陣地はその中軸をなした。

（注）大田昌秀『総史　沖縄戦』岩波書店、一九八二年八月より引用。

嘉数の戦い

嘉数高地は、現在の「宜野湾市嘉数」の北側にある高地一帯の名称である。嘉数高地は二つの高地からなり、東にある高地を第三二軍は「嘉数北側高地（標高九二m）」、西側の高地を「西部七〇高地（標高七〇m）」と称した。この二つの高地の間に約一キロにわたる稜線があり、アメリカ軍の進攻方向にたいして直角に連なっている。

上村元太が母に送ったハガキは一月一五日消印であったが、その月末には元太の独立機関銃第四大隊本部も、この地形を利用した嘉数陣地の構築作業のなかで配置された。高地の地下には三重県の兵士を主とした独立歩兵第一三大隊本部の壕など各大隊本部が位置していた。

嘉数高地の前（北）面は、畑などの平地が広がり、一見するとそのまま戦車で高地に接近して攻略できそうにみえる地形である。しかし、この平地部と高地の間には比屋良川があり、一〇メートル以上もの深い断崖があり、その狭い谷あいを川が流れている。アメリカ軍歩兵がこの天然の障害を越えて高地側に進出しようとすれば、地下壕で前後左右に連絡しあう機関銃や迫撃砲で連続射撃にあい、アメリカ軍兵は退却も進撃もできなくなる。一方戦車に対しては、あえて渡河可能な橋を爆破せずに残

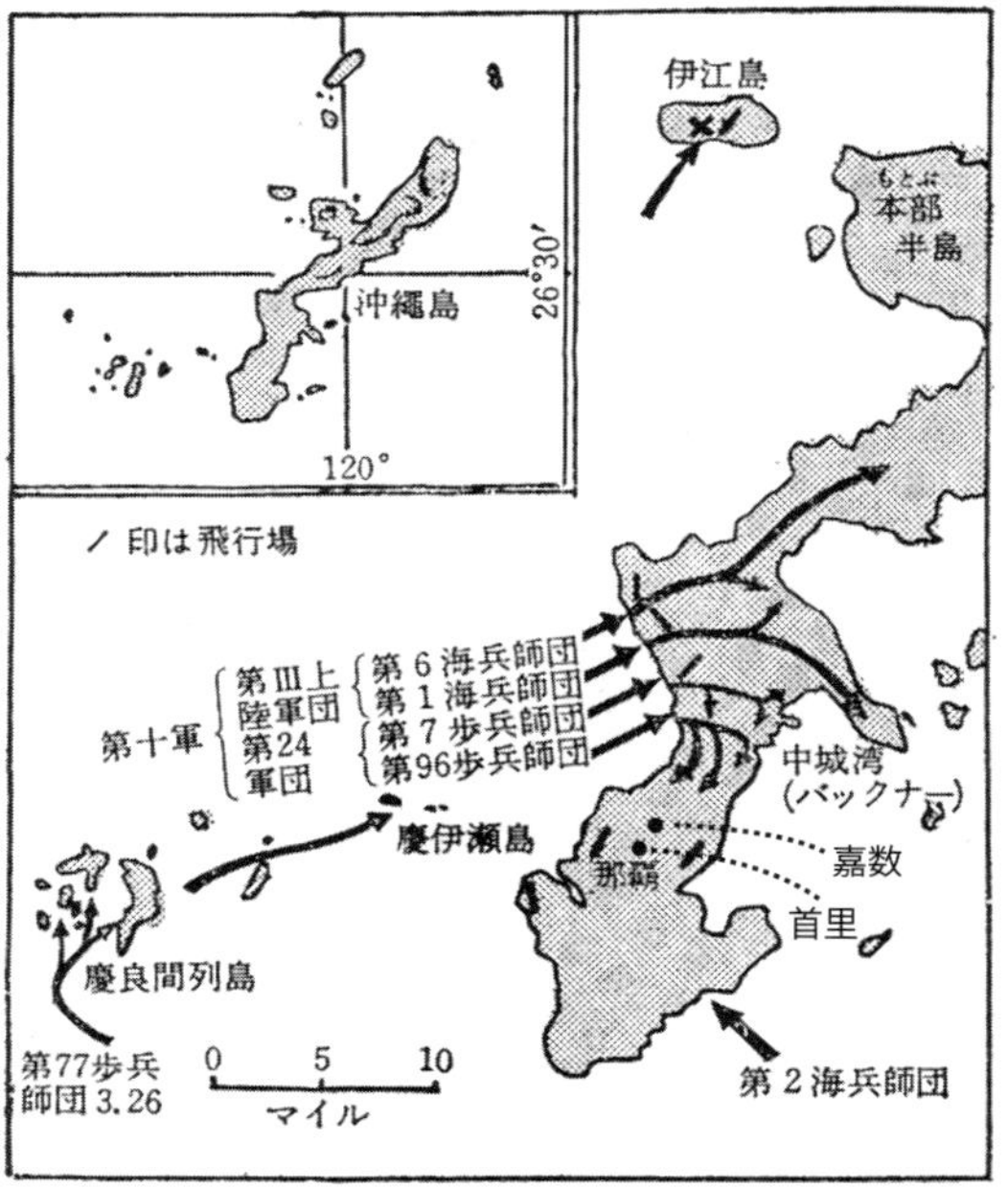

し、突進してきた戦車を待ち構えて徹底して攻撃した。戦闘開始前日までアメリカ軍はこの川の深い谷を認識していなかったという。アメリカ軍苦戦の一因にもなったのである。

嘉数高地をめぐって戦いは、四月八日から二十三日頃まで凄惨な戦いが、十六日間にわたってつづいていった。高地のふもとに塹壕が掘られ、そこに軽機関銃・手榴弾の発射装置である擲弾筒や小銃が設置され、高地の中腹には重機関銃や迫撃砲が丘の反対側斜面に隠されている。これらの高地陣地は隣接し互いに支援しあえるように銃座が備えられていた。要所には観測所があって、砲兵司令部に連絡して砲撃を要請する。高地陣地の地下にはガマ(自然洞窟)を利用して網の目のようにトンネルが掘られ、その出口はいくつもあり、アメリカ軍が砲撃や爆弾をしかけると守備軍兵士はそのなかにひそみ、アメリカ軍歩兵が接近してくるとトンネルから這いだしていく。北側斜面に、厚さ七五センチの頑丈な鉄筋コンクリート製のトーチカを構築し、反対側にはあらゆる角度から銃撃・迫撃砲の攻撃ができ、銃座はアメリカ軍から見えない地点(南側斜面)にも多く設置されており、アメリカ軍兵士が高地と高地のあいだの稜線の平坦部分に進出すると、四方八方から射撃をうけなければならなかった。

南面は緩やかな傾斜をして低くなり、そのふもとに嘉数集落がある。家々は暴風よけのしっかりした石垣で囲まれていた。そこにも銃眼をうがって、いつでも使えるように準備された。

嘉数高地での第三二軍はアメリカ軍に猛烈な銃火を浴びせ、つぎに壮絶な白兵戦を繰り広げる熾烈な戦いであった。アメリカ軍と第三二軍との一進一退の攻防戦が繰り広げられた。アメリカ軍将兵も嘉数高地の第三二軍への攻略に手をやいた。嘉数高地はアメリカ軍の兵士からは「死の罠」「いまいましい丘」などと呼ばれたのである(注)。

(注) 米国陸軍省『沖縄 日米最後の戦闘』光人社、一九九七年。

嘉数の戦闘、十六日間

九日から十二日にかけての四日間の嘉数高地の争奪戦は嘉数付近だけではなく最前線の全陣地にわたって歩兵、砲兵による戦闘が行われ、アメリカ軍は奇襲攻撃をかけるなど白兵戦になるなどアメリカ軍は反復攻撃を繰り返したが嘉数高地は落ちなかった。第六二師団(守備軍)も消耗し兵員を減らしていった。

嘉数の戦闘で負傷した機関銃部隊の沖縄出身兵士の証言がある。

われわれは機関銃部隊でしたから、一小隊に(二銃)で、一個中隊で(八銃)でした。それだけしかない機関銃に、弾薬は十箱しかありませんでしたね。三月二十二、二十三日頃から本格的な空襲がはじまったその時点で、それだけの弾薬を配給されたもんだから、「これじゃあ戦争はできない」と、非常に不安でした。しかしいざ戦闘がはじまったら、またそれだけの弾薬も使えないんです。というのは、米軍とわが軍の火力の差があまりにも大きすぎるんですね。われわれが陣地から、一連が三十発の二連、つまり六十発くらい撃ち出すと、二、三分を待たないで、米軍はすぐ迫撃砲の集中砲撃をあびせるんです。

普通の戦闘では目標が幾らとか距離の想定をして弾を撃つはずですが、それが沖縄戦の場合は、事情がちがうんです。米軍は、弾のおちる真上にいるんですからね。上空ではグラマンとセスナが意のままに飛び通しで、制空権は完全に握っているんですね。だから彼らは弾の落ちるのを見ながら無電でどんどん知らせて、的確な弾着でぼんぼん攻撃できるわけです。こちとらは射撃どころじゃないんですよ。また、たとえば歩兵砲でも一発撃つと、もうこっちの陣地はめちゃめちゃに根こそぎやられてします。だから、撃つときはよほどの効果を狙ってでないと撃てない。そういうわけで、機関銃の弾薬は一箱しかあてがわれなかったけれど、撃つ機会がなかったのです。そこで後からは、銃撃戦ではどうにも立ち打ちできないということになって、作戦が変えられ、それからは肉迫戦をやったんです。(注1)

一三日〜一八日。この頃、アメリカ軍側は師団の再編成、攻略に必須な準備、戦力増強を行い再攻撃に備えた。第三二軍側は、部隊の配置換え、陣地再構築、兵員増強、武器、弾薬補給などを整えた。

再び、さきの証言者は地下陣地の様子をこう語る。

四月の中旬頃からは、こちらの方々の陣地は、昼間米軍の……馬乗り攻撃でさんざん苦しめられましたね。陣地の入り口や銃眼のところから、米軍は何時間も待ち構え通しですよ。入り口や銃眼から射撃されても、地下陣地の中は曲がりくねっていますから、奥に隠れているものはそれほど被害はなかったですが。

ところがあとになって米軍は、ガソリンを入り口から流し込んで、火焔放射器で中を燃やすんですね。中はもうもうとものすごい煙が一杯になってわれわれは窒息死寸前になったものです。さいわい米軍は一時引き揚げたので助かったものの。

苦しまぎれに表へ一歩でも出たら即死です。(注2)

十九日。この日の戦闘でアメリカ軍は代表的な主力戦車(七五ミリ大砲を搭載した)M4シャーマン戦車三十両を嘉数高地に向けて進撃してきた。M4シャーマン戦車の機甲部隊は嘉数高地を包囲するようにして背後の嘉数集落に向かった。ところが守備軍は後続のアメリカ軍歩兵部隊を機関銃や擲弾筒、迫撃砲で分断して戦車群を孤立させた。戦車に対する攻撃は、至近距離まで引きつけて戦車のハッチ(天蓋)や展望孔(操縦席の覗き窓)に手榴弾を投げ込んだり機関銃を撃たりし、戦車内の多数が死傷し、行動不能で進撃ができなくなる。守備軍は、五名を肉迫攻撃組、五名を攻撃支援組とした一〇名編成の特攻兵(肉迫攻撃班)を組織して、アメリカ軍戦車に二〇kg爆薬を背負い襲いかかりキャタピラに突っ込み破壊する肉迫攻撃をした。戦車隊は守備軍の嘉数集落陣地の中心付近へ進入するが、前後からこうした壮絶な近接戦にさらされ、反撃らしい反撃ができなかった。

アメリカ軍側資料には、このとき攻撃を受けた戦車が後方の部隊に対し「ヘルプ!ヘルプ!」の電信を打ち続けたという。退却できた戦車は当初の三〇両のうちわずか八両であった。この戦闘には、歩兵、砲兵、臼砲、そして速射砲(対戦車砲)、高射砲、上村元太のいる機関銃の各隊が有効に協力しあい、敵戦車に対する肉迫攻撃、主に特攻兵による攻撃で戦果をあげたという。嘉数の対戦車戦闘では、守備軍は地形の利などを生かす対戦車砲列陣地を形成し成果を挙げた数少ない戦闘でもあった。しかし守備軍の損害も極めて大きかった。

十九日から二十二日。戦闘の行方が決する二三日までの間、嘉数の各戦線では一進一退の激しい白兵戦、対戦車戦が繰り広げられて、守備軍の死傷者は、そのほとんどがこの四日間に発生している。

さきの証言をした機関銃部隊の兵士はこの十九日に負傷した。

その頃すでに兵隊は半分以上戦死していましたから、とうとう私にも斬り込みの命令がありました。手榴弾をもって陣地から出て、百五十メートルほど行ったとき迫撃砲を受けたのです。

瞬間、あっ、しまったと思ったとき右足にショックを感じて後へ倒れてしまいました。至近弾の破片でやられたわけです

私は膝だとばかり思ってたんですが、実際は大腿部からいっぺんに骨も肉もちぎれて、右足は背中の下敷きになっていたんです。

幸いにも陣地に近かったもんだから

衛生兵が助けにきました。

衛生兵は薪でも割るように短剣でわたしの片足を切り捨てて、私を引きずって運んでくれたのです。

それから中隊療養所で出血の応急手当てを受けて、すぐに当山の旅団病院にさがりました。（注3）

機関銃部隊の上村元太曹長は、こうした激しい戦闘のなかで二十一日に戦死したのである。

アメリカ軍は二十四日に嘉数陣地を完全に占領した。十六日間にわたる嘉数の戦いは終わった。その間、両軍の戦死傷者は諸説あるが合わせて約一〇万にのぼったという。アメリカ軍が二十四・二十五日に嘉数地区を調べると、守備軍の死体が六〇〇ほど発見したという（注4）

アメリカ軍が最後の攻撃を試みた日に、前線での第三二軍（守備軍）の将兵がいかに落胆し、また何に望みを託していたか、一兵隊の日記が明らかにしている。

敵上陸以来、すでに一と月になんなんとするも、熾烈なる戦闘まだ昼夜を分かたず。敵に物量は驚くべきほどなり。わが軍一発撃てば、敵は少なくとも十発をもって報いること必定なり。友軍機ついに一機も機影を見せず。もし飛行機われにあらば、たちまちにして勝利を収めん。ああ飛行機！（注4）

最大の激戦になった嘉数の戦いは、第三二軍（守備軍）の兵士だけでなく沖縄住民に多くの犠牲者を生み出していた。嘉数高地のある宜野湾村にはガマ（自然洞窟）が一三五もあり、本島でもその密度は高い。ガマに逃げ込んだ避難民がアメリカ軍に全員保護された例もあったが、宜野湾村嘉数の戦いでは、嘉数の住民の多数はこの戦闘に巻き込まれ、砲弾の雨の中で故郷を追われ散り散りになり南部に避難していった。このとき第三二軍からスパイ疑惑で脅かされる事件が起こってくる。住民の戦争協力を調達するため、意図的に相互監視をさせ住民同士がスパイ視する状況を利用したのである。激戦の地区で発生した集団自決は、アメリカ軍に投降し捕虜になり情報

が漏れることを恐れたのである。沖縄弁をもって談話する者を「間諜（スパイ）」として処分命令を出していた。宜野湾村民には、南洋帰りで英会話のできる村民も多くアメリカ軍に通じていると嫌疑をかけられ殺された例もあったのである（注5）。

（注1・2）沖縄史料編集所編『沖縄県史』九巻「沖縄戦記録1」、一九七一年。

（注3）前掲書。証言をした機関銃部隊の負傷兵士のその後を記してみる。旅団病院の壕の三段の棚に寝かされて麻酔なしの手術をうけ、首里の師団病院壕に移され身動きできない真っ裸の重傷患者として一六、七歳の女学生の看護をうける。が、日に日に負傷者はふえ、砲弾もどんどんとんでくる。戦場は悪化するなか南風原《はえばる》の陸軍病院壕に移された。しかし満員で収容できずとして大里村の分院壕に運ばれた。首里を日本軍撤退となると、動けない重症患者約三十名は砲撃で地響きする壕内に寝たまま残された。一滴の水も飲めない完全絶食となる。

　その頃、壕から這い出ていった者が戻ってきて、「は、南風原はみな殺やられたらしいなぁ」という。退却のとき毒殺されたのだ。われわれも捨てられるより毒殺されたかったと、口惜しかった。しだいに骨と皮に、空腹感もなくなり六月十日頃から一人減りまた一人減っていく。眠くて睡魔に勝てなかった。

　十八日、揺り動かされてふと目覚めた。驚いたことに隣の死人は白骨になっていた。私は米軍に発見されたのです。この二十日間で、三十名のうち七名が生き残ったのです。その後、米海軍病院に入れられ、足の手術を全身麻酔でした。タンカから水陸両用車に運ばれ、その中から眺めた沖縄島は、緑は一色もなく、中部から島尻にかけて真っ白になっていた。そして輸送船に乗せられハワイに送られたのです。

（注4）米国陸軍省編『沖縄　日米最後の戦闘』の第七章　墓と戦争―「首里第一防衛の崩壊」は、嘉数の戦いの記録である。

（注5）『沖縄戦新聞』第8号、琉球新報二〇〇五年四月二一日。

沖縄戦の終結と戦死者

すでに第三二軍（守備軍）の戦力は初期の三分の一まで低下し、嘉数陣地保持は困難な状況であった。第六二師団はわずかな部隊を残して守備隊を約二キロのうしろの前田（浦添城跡高台）へと後退させた。第三二軍の司令部のある首里へ向かって戦闘はつづいていった。

　第三二軍は総攻撃をしかけたが、多くの犠牲者をだし、大敗を喫した。また五月中旬から下旬にかけておこなわれたシュガーローフ（那覇市安里の丘陵地帯）の戦いでは、沖縄守備軍の切込み隊などによる捨て身の戦術で、二六六二人の戦死者と一二九九人の精神に障害をおこした者をだした。

嘉数の戦いから一ヵ月後の五月二十二日、崩壊を目前にした第三二軍の首里司令部壕で作戦会議が行なわれた。しかし〈降伏〉を選択せず、残存兵力約三万をもって喜屋武半島南端の摩文仁への撤退を決定した。その部隊の後を追って一〇万以上(推定)の避難民が半島に殺到した。軍民雑居のなか壕追出し、食糧強奪、殺害など兵隊の暴虐行為が増えて住民は追い詰められていった。五月三十一日、首里城は陥落した。そして六月二十三日未明、沖縄守備軍である第三二軍の牛島司令官と長参謀長が自決した。この約三ヶ月の組織的戦闘はその日に終結した。

その後も司令部無き後も戦闘をつづける兵士もいた。アメリカ軍が沖縄作戦の終了宣言したのは七月七日のことであった。日本が無条件降伏をした八月十五日以後からは彼らは「敗走兵」である。降伏したことも知らずに空を染める曳光弾に出会えば「特攻隊の大襲撃」だと祖国幻想を懐いていた兵士もいたという。

沖縄県民にとっては、この八月十五日は二度目の終戦の記念日であった。一度目は、組織的戦闘の終結の六月二十三日であり、八月十五日は、沖縄県民にとってはアメリカ軍難民収容所のなかで「生命びろい」を確認した日であった。兵士にとっては捕虜となって帰還すれば、そのことへの指弾と日陰者視への恐れが始まった日でもあった。

南西諸島の日本軍代表が降伏文書に調印したのは九月七日のことであった。

約三~五ヶ月の間の沖縄戦の戦闘で亡くなった日本軍の軍人軍属約九万四千人、そのなかに沖縄出身者が二万八千人おり、沖縄県民の死者は約九万四千人と政府は推定しているが、漏れている人を含めると、軍人軍属を含めて約十五万人の沖縄県民が亡くなったと推定されている。実に県民の三人に一人になる(注)。

(注) この数字は『アジア太平洋戦争辞典』吉川弘文館、二〇一五年)による。

敗戦直後、そして戦後

敗戦を迎えた八月十五日以降、上村家の母そして龍太、美彌にとって、一日でも早く元太そして雷太の復員を待ち望んでいた。その年には兄たちは帰ってはこなかった。

翌一九四六年、三男雷太は、傷病兵として六月十七日に上海港から帰路につき、十日後、浦賀港に上陸した。二十九日には上等兵に進級して復員して、雷太は癒えない病身で母たちのいる大宮へ帰ってきた。

敗戦直後の混乱期のなか母と幼い弟妹のためには、それでも雷太は無理をかさねて働きはじめなければならなかった。しかし、母は、雷太帰還後の二ヶ月もたたぬ八月十二日にこの世を去ってしまった。そしてその母を追うかのように雷太も、一ヵ月半後の九月二十九日に亡くなった。二十二歳の「戦病死」である。

龍太と美彌の二人は、母、元太、雷太の三人の遺骨を抱いて満員列車に乗り、混雑する列車の床に腰を下ろした。そのまま動けぬままに紀西東線の当時の終点駅・尾鷲に着いたという。上村家の先祖の墓に埋葬してきた。母や雷太の療養生活や三人の葬儀はすべて伯父、母のすぐ上の兄丸山武治が執り行ってくれたという。

残された龍太と美彌は、母の長兄にあたる伯父丸山悦三が建てた家で、その伯父家族の帰国を待っていた。伯父は内務省務めで県庁を転々とし、遼東半島の大連で終戦を迎えた。一九四七（昭和二二）年、伯父家族たちは身一つで大宮に引き揚げてきた。二人はその伯父丸山悦三の家庭が東京に移るまではそこで養育され、その後美彌は伯父武治の家に引き取られて新制中学時代まで過ごした。こうした伯父たちが居ったおかげで生きていくことができたのである。

おわりに

嘉数の戦いのあった「嘉数北側高地」は、現在「嘉数高台公園」として公園化され整備され保存されている。この公園からは、アメリカ軍基地・普天間飛行場を眼下に望むことができる。そこには嘉数住民の慰霊碑「嘉数の塔」のほか、嘉数に投入された第六二師団独立混成旅団、この旅団には約三五〇〇名の京都出身兵士がいた。その多くがこの地で戦死しているため、「京都の塔」が建立された。他県の多くの慰霊碑があるなか唯一といってよい、沖縄の住民犠牲を悼む言葉と戦争への反省がこの塔には刻まれている。

「嘉数高台公園」付近には高地を守備した独立歩兵第一三大隊本部壕入口や、高地上の監視哨や北に向いたトーチカの残骸、機関銃や砲撃砲で的確に反撃できる二つの銃眼のある残骸が残っている。このトーチカは銃弾の痕をのこす残骸である。当時の戦闘の激しさをいまに示している。また、嘉数地区は今では住宅地に変貌しているが、比屋良川の渓谷は今も当時と変わっていない。

危険な日本の現状のなかでわだつみ会の理念につながる憲法第九条についてのわだつみ会員の意志表明

浅野　多恵子（岐阜）

憲法九条はなんとしても守ってゆかなくてはなりません。次の世代へ戦争のない世界をつないでゆくために！

青木　秀男（広島）

武力を放棄するからこそ、だれも攻めてこない。国民は戸締り論にだまされて、こんな単純なことも分らなくなっている。戦後七〇年余り日本には戦争がなかった。こんなことは、明治以来の歴史にはなかった。それも武力を放棄したから。

伊賀　正浩（大阪）

過去の日本の侵略戦争が何をもたらしたのか、しっかり引き継ぎ、憲法九条を守る取り組みを進めたいと思います。

井室　美代子（東京）

北朝鮮の核実験、ミサイル発射を好材料に憲法改悪、自衛隊を軍隊へ、そして戦前同様の軍備費の際限なき増加をもくろみ、それを仕事にして巨利をむさぼろうと図る手合いが、にわかに活躍し始めた気配です。再び「わだつみ」の悲劇を再現してはならない！何もしなければ戦前同様の世の中があっという間に出現です！戦前がそうであったように！（今、『君たちはどう生きるか』の漫画本が話題になっています。私は当時その本を読んで感動した小学生でした。）

当時も戦争に傾く世相を憂い、「せめては若い世代に」と考えた人はいたのです。でも戦争がおき、悲劇は続いた。そうならないために、何をすべきか。考え行動する時が来たと思います。

岩田　治樹（埼玉）

二〇一八・一九年度事業計画案（活動方針）に一言。

安倍政権の「改憲案発議」を阻止しようとの中に、「国民投票で阻止することは十分可能である。世論調査では……反対が多数である」とあります。間違いではないのですが、気をつけなくてはいけないのが、国民投票法に最低制限投票率のないことです。このことも国民中に周知する必要があります。

大川　洸（奈良）

現在の国家権力周辺の考え方、感じかたでは、戦力～暴力手段強化の方向に雪流れを打って行く恐れがあります。憲法九条はこれを防ぐ最後の拠り所として、ぜひ守っていかなければならないと思います。

岩本　勲（奈良）

最近、アメリカでも話題になり日本にも紹介されている「ファシズムの兆候への初期警告」一四カ条リスト（政治学者ローレンス・B・ブリットの作）が、「アメリカ合衆国ホロコースト記念館」に掲げられている。それは、まるで安倍政治を予見しているかの如くだ。

＊強力で継続的なナショナリズム＊人権の蔑視＊団結のための敵国づくり＊軍事優先＊性差別の蔓延＊マスメディアの統制＊国防への執念＊宗教と政治との癒着＊企業権力の保護＊抑圧される労働者＊知性と芸術の蔑視＊刑罰強化への執着＊縁故主義と汚職の蔓延＊不正選挙。

再び歴史的過ちを繰り返さない、それが本会の趣旨である。以前にも増して、どんな小さな力でも結集するべき時が来た。

大賀　正行（大阪）

護憲か改憲かの論争は七〇年以上たっているのだから、改憲賛成という人もいます。但し、九条は一字一句変えてはならない。まさに九条の会運動の広がることが根本である。

三月二〇日(水)の朝のＮＨＫおはよう関西「たった二発の花火大会、誰が何のため」で、「白菊特攻隊」のことを報道していました。関西の大学生想いをつなぐ慎魂の花、田尻正人さん（九五歳）一人の生き残りのインタビューに胸打たれました。ぜひ取材してください。

おかだ　だい（大阪）

アベ政治を何とか終わらせたい。今はその一心です。また加害の歴史をなきものにしようとする動きに我慢がなりません。頑張りましょう。

小野　政美（愛知）

『わだつみのこえ』一四六号でも執筆し、『八・一五集会』でも報告しましたが、〈教育の軍事化〉が大きく進んでいます。

安倍改憲阻止を掲げた「二〇一八―一九年度事業計画」の具体化を期待します。自民党・文部省の授業介入、道徳教育の新展開についても『わだつみのこえ』で取り上げてください。総会の成功をお祈りします。

冠木　克彦（大阪）

安保法制（私たちは戦争法といいます）の違憲訴訟は佳境に入ってきました。勝利への可能性を少しづつ広げてきました。もう少しです。現安保法に憲法上の根拠を取り去れば、無制限なグローバルな戦争が可能です。改憲させないこと、九条を変えさせないことを堅持しましょう。

神子島　健（東京）

森友問題が一定の盛り上がりを見せながらも、追い詰め切れていない状況、改憲は少し遠のいたようでも、事態は前には進んでいません。無関心層に届く言葉を私たちがどう磨いていくのかが問われているのだと思います。

北野　伊津子（奈良）

返信が遅くなり申し訳ありません。

いつも会報を楽しみにしています。

九条改憲反対のために頑張りましょう

木村　仁志（愛知）

終戦から七〇年以上がたち、戦争の記憶が薄れていく中、ご存命の世代から若い世代へとバトンを渡していくような会の活動が必要不可欠と思います。何ができるでしょうか？

児玉　健次（北海道）

今年二〇一八年、学徒出陣から七五年にあたります。この間の歩みを回想しています。安倍九条改憲ＮＯ！の署名をどう飛躍させるか、北海道の若い世代と議論を進めています。京都新聞が月一頁の紙面を「(永田)和生さんと(竹内)浩三さんの京都」を一年以上連載しています。ご注目ください。

北海道は少数の会員ですが、三回の集いを持ちました。今年は若い法律家との懇談を考えています。

この情勢、単なる回顧では状況を切り拓くことは困難でしょう

くださ い。

白井　厚（東京）

常に戦争の危機を考え研究するような運動を展開してくださ い。

平良　宗潤（沖縄）

名護市長選の敗北は大きなショックです。でも「島ぐるみ会議の辺野古へ行こう」は続いています。

ある同人誌に「学徒出陣と沖縄の学郷隊」の一文を、沖縄戦を考えるシリーズで書きました。

「不屈館（瀬長亀次郎）と民衆資料」の五周年行事に取り組んでいます。

高須賀　建郎（神奈川）

わだつみ会は、全国の反戦グループ・個人と切磋琢磨して、語り継ぎ、歴史認識を拡める貴重な存在です。

どの組織でも共通で、高齢化による行動力の低下は避けがたいですが、わだつみ会の知識・経験の奥深さは秀でるものがあります。一方この数年の努力の成果で、会員・誌友が着実に確保できているのは大きな喜びです。この数年、若者層とのコラボレーションができ、憲法九条の精神を伝え続けていけることに誇りを持っています。

田村　正男（大阪）

日本国憲法は何のために作られたのだろう。前文に示されている。「政府の行為によって再び戦争の惨禍が起ることのないやうにすることを決意し、……この憲法を確定する。」

政府が戦争を起こすことを防ぐために作られたのだ。戦争は起こるものではない、政府が起こすものである。自然現象である災害とは根本的に異なる。しかも、その犠牲は計り知れない。一五年戦争だけでも、「日本」人で少なくとも三一〇万人、アジア・太平洋地域での死者は少なくとも二〇〇〇万人を超える。「わだつみ会」が戦争の記憶と記録を後世につなぐため続けてきた活動は、まさに憲法が要請する「不断の努力」（一二条）に他ならない。私もその努力の一端を支えたい。

中里　文夫（埼玉）

憲法九条に自衛隊の存在を明記することはとんでもないことです。

集団的自衛権の行使が認められている自衛隊を明記することで、海外に出かけて戦争する自衛隊に変質してしまいます。

永島　昇（兵庫）

「学徒出陣」から七十五年、「きけわだつみのこえ」を読み返す度に、暴力的に自由が奪われた軍隊組織の中で、自己を失わず記録を残した学徒の精神の強さに感激します。それは家族への愛情とともに、平和と自由、そして学問への想いが満ちています。この想いこそが憲法の精神に受け継がれていると思います。

その意味で、わだつみ会の存在と活動は憲法を守ることと重なっているのだと思います。

中本　真知子（東京）

憲法九条は書き加えもゆるさない。

九条は世界遺産です。

必ずこの憲法を次世代に残していくように努力したいと思います。

永野　泉（大阪）

憲法九条は第二次世界大戦の反省で、世界諸国に先駆けて日本国民が国として侵略戦争、いや戦争そのものを避けるため、軍事力を放棄するという宣言です。歴史上政治、経済の流れの中、「自衛隊」と称した軍を持っている現在も侵略したくないし、戦争を日本から始めたくないという意志・希望は国民の大半に、自衛隊員の大半にあると思います。

国が一番守るべきは、国民の命であり。国民の命を失う事態を防ぐべきですが、他国民の命や資産を奪ったり損なったりして戦争を招いては本末転倒です。人こそ利の生まれる根本、平和が共栄共存の基礎で、それを脅かすような権力や一部の専横を許しては戦争犠牲者の皆様に我々生存者は顔向けできません。踏ん張りましょう。

平野　英雄（埼玉）

わだつみ会員としての若い人たちの参加を切望します。が、そのための会の努力することを、より以上に考えていかなくてはならないことですが……。危険な日本の現状の中で、何を若い人たちに訴え理解してもらいたいのか？若い人たちの今の考え方を、立場を彼らの目線で理解する方法があるのでしょうか？

九条に対する若い人たちの意見には、老いたる者の理念的な意見だけでは若い人たちとはつながらない現状なのか？　戦没学生の遺念をうけついだのが第九条、そしてその改定が現実化しようという現実。改定されれば、わだつみ会は、ましてや記念館の存立はありえるのでしょうか！

増田　望（千葉）

二〇一七年三月に出産してからの一年、日々家事・育児に追われ、なかなか新聞に目を通せない中で、チラリと触れることのできるテレビニュースでは、不倫や相撲界の不祥事のことばかり。『ママ友』と話していても、憲法九条についての話題はなかなか出てきません。

もちろん危機感を持って行動している子育て世代もいるので、今後は自分から保育園などでも九条について話すことで、問題意識を持っている人とつながって行きたいです。（最近、子育て中の友人から、若手弁護士の有志の会「あすわか」の「憲法カフェ」を教えてもらいました。わかい世代のこういうつながりを強化したいものです。

みやち　治美（広島）

三月二三日、森友問題で大阪拘置所前のスタンディングに参加しました。頭上をヘリが飛び交い、多くのメディアが詰めていましたが、若い世代が殆どで、その熱気は冷たい川風を吹き飛ばす勢いでした。

瀬戸の小島から朝一番の船で来た私や、北海道から駆けつけた青年、国民の関心が高いことを実感しました。

吉田　正弘（大阪）

学校では教科道徳が始まり、再び子どもたちに国のために死ぬことを名誉と教える危険が強まっています。天皇と国のために死ぬことを強要された若者たちを、無念とはとらえず、名誉であったとたたえさせてはなりません。他国の人々を殺し、支配したことを忘れることは許されません。私たちと真逆の方向に国を引きずって行こうとする安倍政権とその野望である憲法改悪を絶対許さないために、皆で力を合わせて頑張りましょう。皆様お体に気をつけて。

米川　哲史（東京）

憲法九条は死守しなければいけません。こんな「死守」などという言葉を使わなければならない感じにさせられている。

戦中派が次第にいなくなるのはいたしかたありませんが、反戦の旗を高々と揚げたいと思います。

「総会招請状」に付した憲法九条についての会員の意思表明の意見アンケートです。

他の「会」にたいする会員の意見は『わだつみ通信』に掲載いたしました。

2017年　日本戦没学生記念会
12・1不戦のつどい

主催：日本戦没学生記念会（わだつみ会）　共催：わだつみのこえ記念館

わだつみ会は一九五三年以降、毎年「12・1不戦のつどい」を開催し不戦の誓いと平和への思いを新たにしてきました。

二〇一七年の「不戦のつどい」は十二月一日（金曜日）午後六時より「中央大学駿河台記念館三階」において開催されました。

今回の「不戦のつどい」は、学習院大学教授の斉藤利彦氏を講師にお招きしました。

「つどい」は高橋武智理事長から次のような挨拶から始まりました。

「日が短くなり寒い中、大変多くの皆さんがお集まりいただきありがとうございます。そして斉藤先生に講演をいただくことまことにありがとうございます。

私が話しますのは、「不戦のつどい」の起源をちょっと思い起こしていただこうと思っています。

『きけ　わだつみのこえ　日本戦没学生の手記』が一九四九年秋に出版されました。そしてその翌年の六月に朝鮮戦争が勃発しました。その二ヶ月前の五〇年四月に日本戦没学生記念会（わだつみ会）が設立されました。私も高校一年生でしたがその総会に参加しておりました。

そして時代とともに、わだつみ会も変わりましたが、機関誌の最新号を見ていただければ、今どのような活動をしているかが、わかっていただけると思います。

朝鮮戦争は一九五三年七月に停戦協定が結ばれ、今日に至っています。ですから五三年の秋は、それ以前の緊迫した状況とはちょっと違っていたと思います。その秋に、学徒出陣をした安田武さんが、朝日新聞の投書欄「声」に投書をされ、「学徒出陣から一〇年、一世代を経て我々は学徒不戦の誓いを新たにしようではないか」と呼びかけられました。

その呼びかけに日本中の大学が応える素地があったと申し上げたいと思います。ほとんどの大学で、そして高校で、その呼びかけに応えて集会が開かれました。非常に盛り上がったのを覚えております。

わだつみ会は毎年一二月一日に「不戦のつどい」を開いています。それは徴兵された学生の多くが十二月一日に陸軍に入営したのを記念しています。海軍は十二月一〇日に入団しています。このことをお伝えして、開会の挨拶とさせていただきます。」

記録映画「学徒出陣」（文部省編・日本映画社　一九四三年）を上映したあと、斉藤利彦氏の「総力戦下の学生生活―出陣学徒・林尹夫の遺稿をよむ」の講演が行われました（講演内容は、【特集】の冒頭に掲げてあります）。

講演のなかで、斉藤氏は、二十歳そこそこの若さで死に直面した林尹夫の内面をよぎるさまざまな思いや上官の目を逃れて綴った遺稿ノートの内容などを克明に語られました。

一見淡々とした語り口のこの講演から、私たちは、「絶対的に負の遺産」しか残さない戦争の酷さと、何気ない平和な暮らしの尊さを、痛切に感得できたと思います。

このような「不戦のつどい」を引き続き開催することによって、私たちは、小・中学校の「道徳（修身）教育」とその高校版の「公共」教育を強引に推進し、「戦争する若者」として戦場に送ろうとする安倍内閣の政策に、強く反対して行きたいと思います。

大学・各地各団体の「不戦のつどい」報告

立命館大学わだつみ像前で不戦のつどい

十二月八日に、立命館大学で第六四回「わだつみ像前での不戦のつどい」が開催された。衣笠キャンパスの立命館大学国際平和ミュージアムで、学友会・教職組・生協など学内六組織で構成される不戦のつどい実行委員会の主催で開かれた。集会には約一六〇人の学生、職員、ＯＢ・ＯＧ等が参加した。同大学では六日に大阪茨木キャンパスで、七日には草津キャンパスでも不戦の集いが開催された。

一九五一年にわだつみ像が作成され、東大構内に建立されるはずであったが、大学当局が学内への建立を拒否した。わだつみ像はわだつみ会と学生の運動によって立命館大学に誘致され、五三年一二月八日に建立除幕式が行われた。翌五四年から「わだつみ像前集会」が末川博総長をはじめ全学の力で開催され、以後六四年間「不戦のつどい」として毎年開催されている。

集会は学友会中央常任委員長で実行委員長の出川さんの挨拶で始まった。立命館大学が先の大戦において戦争に協力したことを反省し、大学は再び学生を戦地に送らない。そして学生は決して銃をとって戦地に赴かないとの反戦の誓いを新たにした。

続いて大学を代表して吉田総長が挨拶を行った。挨拶のなかで、立命館からは三〇〇〇人もの学生が「学徒出陣」を行い三分の一の一〇〇〇人が戻ってこなかった。学徒動員で軍需工場に徴用された学生の中にも犠牲者が出ている。立命館は「平和と民主主義」を建学の精神としている。立命館はこれからも平和のために貢献していきたいと述べた。

その後、学内諸組織の代表がわだつみ像に献花を行い、一般参加者も献花をおこない集会は終了した。

なお京都では九日に「京都不戦のつどい」が、「二度と悲惨な戦争を繰り返さないために」をテーマとして開かれた。

つくば12・8不戦のつどい

「戦争する国」の作られ方―先の大戦から考える―

十二月八日は一九四一年第二次世界大戦中で、日本がアメリカ、イギリス、オランダ領を奇襲攻撃して太平洋戦争が開始された日です。戦争を絶対繰り返さないために、つくばでは戦争体験を語り継ぎ、平和を守り活動を交流する「不戦のつどい」を毎年十二月八日前後に開いてきました。

二〇一七年は「「戦争する国」の作られ方―「先の大戦」から考える―」と題して茨城大学の佐々木啓さんに講演していただきました。「日中戦争」から「太平洋戦争」、一九四五年の敗戦まで、最初は戦争に反対していた政治家や国民も戦争が広がるにつれて、反対ができない状況になりました。このことを考えると、安倍政権により特定秘密法、安保法制、共謀罪と、戦前を思わせる法律がごり押しで成立させられ、憲法九条の改正を具体的な日程にのせられている中、反対ができる今は非常に大切な時期だと思います。

これまで、このつどいは戦争体験者の方々に話を聞いてきましたが、高齢になりなかなか話していただける方が非常に少なくなってきました。また、ここ数年は若者の参加が少なくなっていることから、実行委員会では若者やこれまで戦争や平和についての集まりに参加されていない方々にも関心をもっていただける内容について話し合いました。

今回のつどいには大学生の参加者など若い方々にも参加していただけました。しかし、参会者の多くは一定年齢を超える方々でした。今後も多くの方が参加しやすい、つどいを計画していきたいと考えています。

（「12・8不戦のつどい」実行委員会事務局　児玉正文）

名古屋での不戦のつどい

十二月八日に名古屋でも「不戦のつどい」が開かれた。平和委員会、日本ジャーナリスト会議、日中友好協会、憲法会議、不戦兵士・市民の会など多くの協賛で九〇人以上の市民が参加して開かれた。トランプ米大統領・安倍首相が朝鮮への戦争政策を強める中で、日本ジャーナリスト会議員でフォトジャーナリストの伊藤孝司さんが講演「米朝危機と日本の役割」を行った。

朝鮮は「ワシントンまで到達するミサイルの完成に目

処をつけた。それに対して、今行われている米韓合同軍事演習は、ステルス戦闘機二四機を含む二三〇機が参加する大規模な実戦的演習である。その目的は軍事攻撃に対する朝鮮側の反撃を阻止するために、ソウルを狙うロケット砲陣地と日本の米軍基地を攻撃するミサイル基地を破壊する演習である。いつそれが演習でなく実戦となるか分からない。朝鮮側から見ればいつ攻め込まれてもおかしくない状態である。まさに戦争を挑発しているのは米国であり、「朝鮮の挑発を抑止する」は全く逆である。

トランプ米大統領は、対話路線を完全に投げ捨てて軍事攻撃を準備している。米国ではマスコミや政治家の戦争開始の発言が続いている。軍事攻撃に慎重であったティラーソン国務長官は更迭されようとしている。共和党のグラハム議員は、軍事衝突が近付いているので、国防省は米人の退避を開始すべきと主張している。

米国の分析サイト『三八ノース』は、米国が軍事攻撃を行い、朝鮮が反撃をした場合、ソウルで二〇三万人、東京で一八〇万人が犠牲となる（朝鮮の犠牲者は含まない）。また米国議会の概算では核兵器が使われた場合は死者は一〇〇〇万人を超えるとしている。にもかかわらず日本政府は戦争の危険性評価を一切発表していない。これは安倍の好戦的政策への批判を封じ込めるためと思われる。

安倍首相はトランプ大統領との協議で、「北朝鮮を壊滅するためには犠牲を厭わない」と表明したと言われている。政府は軍事攻撃の開始に向け日本人の避難体制を策定しようとしている。そして小野寺防衛相は朝鮮の基地を先制攻撃する巡航ミサイルを配備しようとしている。

年末から来年にかけ「何かがある」といわれる今、戦争反対の声を上げなくてはならない。ベトナム反戦以上の声を上げていかなければならない。

昭和天皇の戦争責任と日本人の加害責任認識の欠如

野崎　朋子

日本とヨーロッパ　皇室／王室観の違い

六年前、即位六〇周年を迎えた英国・エリザベス女王。その祝賀行事をＢＢＣが中継していた時、英国国会議事堂前で議員らが「君主制反対」の横断幕を掲げていた。日本との余りの違いを痛感した瞬間である。日本で同様のことをしたら、たちまち右翼やネット右翼が攻撃するだろう。命を狙われる可能性も少なくない。

「天皇の戦争責任はあると思う」と発言した本島等・長崎市長が右翼団体幹部に銃撃され、重傷を負った一九八八年十二月の事件は、翌月からアメリカの大学院で新聞ジャーナリズムを学ぶことになっていた私には大きな衝撃だった。「しかし、日本人の大多数と連合国軍の意志によって責任を免れ、新しい憲法の象徴になった。私どももそれに従わなければならないと解釈している。」と続くのだが、マスコミ各社が「天皇の戦争責任はあると思います」という部分だけを強調する形で報道した責任は重い。しかし、全て報道したとしても、天皇の戦争責任に言及しただけで、犯人には十分な狙撃理由になったのだろう。

王室を堂々と批判できる点では、他のヨーロッパ諸国でも同じである。数年前、ノルウェー人の友達と話していた時、「ノルウェーでは多くの人が君主制に反対している」と言っていた。実際は君主制支持の国民のほうが多いようだが、皇太子の結婚時に見られたように、時には王室一家が厳しい世論にさらされることもある。

日本と英国、ノルウェーの違いを持ち出したのは、公の場での天皇・天皇制批判はタブーというこの国は真の民主主義国ではないことをはっきりさせたかったからである。例えば外で私が天皇制を話題にするのは、アメリカ人の友達を交えて英語で話す時に限られる。あるいは隣の席が離れていて、こちらの会話を聞かれない時にしか批判的なことは言えない。因縁を付けられるかも知れないという恐怖で自主規制してしまうのである。

「君が代」問題

日の丸掲揚や君が代斉唱に反対する人たちを異端視・白眼視・迫害する日本人が少なくないことも、私にはストレスになっている。阪神タイガースファンの友達が阪神甲子園球場で君が代斉唱時に座っていたら、隣の親子連れにじろじろ見られたと聞いて、昨年、黒人への暴力に抗議してアメリカンフットボール選手達が国歌斉唱の時に起立しなかった米国との違いを改めて感じた。トランプ大統領が「クビか出場停止にすべきだ」と言ったことに対し、上位チームで構成されるNFLのロジャー・グデル・コミッショナーは「このような分断をあおるコメントは、敬意を不適切に欠いている」と批判した。

広島で被爆した栗原貞子が「犯罪の旗」と表現した日章旗（「旗」、一九七五年）、そして天皇を称える「君が代」。特に、戦後も君が代の歌詞を変えずに解釈を変えるという、安倍内閣による九条の解釈改憲のようなことがまかり通っているのは納得できない。

天皇は「大君」であって「君」ではない、などという人もいるが、辻田真佐憲著『あなたの知らない「君が代」』（幻冬舎plus、二〇一五年）には、戦後も「君」は「象徴天皇」を指し、「愛しいあなた」ではない、とはっきり書いてある。その根拠として、一九五〇年に天野貞祐文部大臣が、一九八七年には西崎清久同省初等中等教育局長が、それぞれ「君」は「象徴天皇」にあたると説明したこと、また「国旗国歌法」が成立した一九九九年には、当時の小渕恵三内閣によって「君」は「象徴天皇」と解釈するのが適当であるという見解が示されたことを挙げている。

一九九九年当時のことをもっと詳しく見てみると、まず、六月十一日の国旗・国歌法案の閣議決定で「君が代」の「君」とは「日本国及び日本国民統合の象徴である天皇を意味する」との統一見解が示された。そして七月二一日、衆議院内閣委員会において、小渕総理大臣は次のように答弁した。「古歌君が代が明治時代に国歌として扱われるようになってからは大日本帝国憲法の精神を踏まえ、君が代の『君』は、日本を統治する天皇の意味で用いられました」。更に「終戦後、日本国憲法が制定され、天皇の地位も戦前とは変わったことから、日本国憲法下においては、国歌『君が代』の『君』は日本国および日本国民統合の象徴であり、その地位が主権の存する日本国民の総意に基づく天皇のことを指しており……」と続けた。

つまり天皇は「主権者」から「象徴」に変化したものの「君」が天皇を指すという解釈は戦後も揺るがなかったのであり、「君が代」が天皇を称える歌に変わりはないのである。そのことに違和感を覚えるからこそ抗議の声をあげる人たちへの直接・間接的暴力、そして公立校教員への懲戒処分が止まらない。こんな現状を許している国が果たして真の民主主義国家だろうか。

天皇が、この状況に責任があるわけではない。二〇〇四年秋の園遊会で、米長邦雄・東京都教育委員の「日本中の学校で国旗を掲げ、国歌を斉唱させることが私の仕事でございます」という発言に対し「やはり、強制になるということではないことが望ましい」と応じたのは、「自主的にやってほしい」という意味だろう。もっと踏み込んで「反対する人に強制するのは望ましくない」と言ってほしかったけれど、政治的発言と見なされるから無理、と言われれば仕方ない。

被爆者と昭和天皇

今上天皇には戦争責任は問えない。しかし、昭和天皇にも戦争責任がなかったという日本人が結構多いのには驚く。例えば、関西のある都市の被爆者の会会長に一昨年、原爆投下に至るまでの昭和天皇の（戦争）責任の有無を尋ねたら「責任はないと思います。何もご存知なかったのですから」との答えだった。この会長が例外でないことを二〇一五年八月に訪れた広島でも思い知らされた。平和学習集会の参加者から「被爆者の間で天皇の責任を問う声はこれまでほとんどあがってこなかった」と聞き、失望した。広島と言えば、天皇制批判や日本の加害を詠んだ前述の栗原貞子さんのイメージが強かったから……。

被爆者は昭和天皇の戦争責任に触れず、多くの日本人は「被害」の視点でしか原爆を語らない現実に閉塞感を感じていた私は、昨年、カナダ在住のサーロー節子さんが、原爆を被害と加害の両面から語るのを見て、一筋の光が差し込んだ気がした。十三歳の時に広島で被爆し、ノーベル平和賞受賞のＩＣＡＮ　核兵器廃絶国際キャンペーンに関わってきた反核活動家である。

八月十二日放送のＮＨＫBS「核なき世界へ　ことばを探す」で、アジア系の女子高校生に「日本は多くの罪のないアジア人を殺した。あなたの受けた被害とどちらがより深刻か」と問われたのに対し「殺されるということに違いはない、それが中国人、日本人、朝鮮半島の人のいずれであっても。ヒロシマ、ナガサキについて語る時にとても大切なのは、日本は被害国であり、加害国でもあったということを心に留めておくこと」と答えたのである。

　こういう被爆者がもっと存在感を増せば、日本が侵略したアジアの国々の人々も、核兵器は絶対悪という考え方にいっそう共感してくれるのではないか。原爆投下を招いたそもそもの責任は日本にあり、ヒロシマとナガサキがなかったら自国の犠牲はもっと増えていたと考えるアジアの人々には是非、上記のサーローさんの言葉を紹介したいと思う。

戦争責任についての昭和天皇の自覚

　昭和天皇自身が戦争責任や原爆投下について語った一九七五年の記者会見は今でも忘れられない。日本記者クラブによる、初の公式記者会見だった。

（ザ・タイムズ記者・中村康二）陛下は、ホワイトハウスにおける『私が深く悲しみとするあの戦争』というご発言がございましたが、このことは、陛下が開戦を含めて、戦争そのものに対して責任を感じておられるという意味と解してよろしゅうございますか。また、陛下は、いわゆる戦争責任について、どのようにお考えになっておられますか、お考えをお伺いいたします。

【天皇】そういう言葉のアヤについては、私はそういう文学方面はあまり研究もしてないので、よくわかりませんから、そういう問題についてはお答えができかねます。

（中国放送記者・秋信利彦）戦争終結に当たって、広島に原子爆弾投下の事実を、陛下はどうお受けとめになりましたのでしょうか、お伺いいたしたいと思います。

【天皇】原子爆弾が投下されたことに対しては遺憾には思ってますが、こういう戦争中であることですから、どうも、広島市民に対しては気の毒であるが、やむを得ないことと私は思ってます。（一九七五年十月三一日、皇居）

　これを聞いた茨木のり子は「四海波静」（「ユリイカ」一九七五年十一月号）で次のように批判する。

思わず笑いが込みあげて
どす黒い笑い吐血のように
噴きあげては　止り　また噴きあげる

三歳の童子だって笑い出すだろう
文学研究果たさねば　あばばばばとも言えないとしたら

この詩は、昭和天皇の「四方の海　みな同胞（はらから）と思う世になど波風（あだ波）の立ちさわぐらむ」を連想させる。（もとは一九〇四年の明治天皇の歌で、一九四一年九月六日の御前会議で昭和天皇が引用。その際、「波風」を故意に「あだ波」と変えて詠んだという説もある）。

まるで他人事のように戦争責任を語る天皇へのほとばしる憤りが結実したのが、この詩だと思う。記者会見から一カ月もたたないうちに発表されたのだから。茨木のり子は、天皇だけでなく、その発言を批判しない記者たちにも容赦がない。今なら、こんな詩を発表すること自体、作者も出版社も命がけと言っていいだろう。この頃はまだ、公に天皇を批判できたのだと思うと暗澹たる気持ちになる。

戦争指導者としての昭和天皇

昭和天皇には戦争責任はなかったという、一般市民への「刷り込み」は戦後まもなく始まった。日本国憲法の解説のために、一九四七年八月二日に文部省が発行した中学一年生用社会科教科書『あたらしい憲法のはなし』には、こうある。

こんどの戰爭で、天皇陛下は、たいへんごくろうをなさいました。なぜならば、古い憲法では、天皇をお助けして國の仕事をした人々は、國民ぜんたいがえらんだものでなかったので、國民の考えとはなれて、とうとう戰爭になったからです。そこで、これからさき國を治めてゆくについて、二度とこのようなことのないように、あたらしい憲法をこしらえるとき、たいへん苦心をいたしました。ですから、天皇は、憲法で定めたお仕事だけをされ、政治には関係されないことになりました。

しかし、昭和天皇が「何も知らなかった、知らされていなかった」というのは事実に反する。例えば一九三一年九月の中国東北部への侵略「満州事変」を、出先の関東軍が引き起こした際、特別の「勅語」で、侵略を「自衛」の行動として正当化したうえで、「急速に相手の大軍を破って勝利したのは大変立派だ。今後さらにがんばって、朕の信頼に応えよ」とほめたたえた。この事実からも、天皇と軍部が全権を掌握し、侵略戦争を開始・拡大していった事実が浮かび上がる。

山田朗著『昭和天皇の戦争』（岩波書店、二〇一七年）

によれば、『昭和天皇実録』（宮内庁、二〇一五年）は、戦争指導者としての天皇像を極力排除するため重要な部分を省略してあり、防衛省戦史研究センターに所蔵されている旧軍の一次史料に記された天皇の発言と、同じ典拠で書かれた『実録』の記述とでは、まるで違う印象を受ける例がいくつもあるという。

例えば東部ニューギニアをめぐって日米両軍が激戦を繰り広げていた一九四三年八月五日、参謀総長杉山元が戦況を奏上した時、「米軍をぴしゃりと叩くことはできぬか」、「どこで決戦をやるのか」と天皇が迫った（真田穣一郎日記「杉山メモ」）とあるのに対して、『実録』には「杉山に謁を賜（たま）い、奏上を受けられる」といった記述しかない。

それだけではない。『実録』は、天皇出席のもとに行われた一九四三年五月三一日の御前会議決定で、占領したマライ、スマトラ、ジャワ、ボルネオ、セレベスを「帝国領土と決定」し「重要資源の供給地」としたことには一切触れていない。この決定は外務省編『日本外交年表竝主要文書下巻』（原書房、一九六五年）ですでに明らかにされているにもかかわらず……。

いよいよ戦局が悪化した一九四五年の二月十四日、近衛文麿首相が「戦争終結の方途を講ずべきものなりと確信する」と天皇に言上したところ「もう一度、戦果を挙げてからでないと、なかなか話は難しいと思う」と答えたという話は「一撃講和」として有名である。

上記『実録』は「難しい」のは陸軍の人事刷新であって停戦受け入れではなかったと読ませたいようだ。しかし、昭和天皇が戦前、戦中の出来事に関して一九四六年に側近に対して語った談話をまとめた記録「昭和天皇独白録」（一九九〇年に『文藝春秋』誌上に公表）には「近衛は極端な悲観論で、戦を直ぐ止めた方が良いと云ふ意見を述べた。私は陸海軍が沖縄決戦に乗り気だから、今戦を止めるのは適当でないと答へた」とある。つまり「難しい」の主語が何であろうと、天皇が近衛による提案・即時停戦を拒否したことに変わりはない。

資料の選択が恣意的な『昭和天皇実録』においてさえも、天皇が臨席して軍事作戦などを決める大本営会議が少なくとも十九回行われたことや、同会議に準じる研究会（天皇に対する報告会）が二一回開かれていたことが記されている。この事実を前にして、天皇が軍事戦略決定を知らなかったという言い逃れはできない。もっとも、軍部から戦果を誇大に、損害を矮小化して伝えられていたのは事実だが。

以上のことから、一九三一年の満州事変から中国各地への侵略拡大、それに続く太平洋戦争、敗戦という全過程の現場にすべて立ち会い、決定に参加してきた人物は昭和天皇以外にいない。天皇以外の首相、陸海軍の責任者など、どの指導的役職をとっても、いろんな人が務めてきたのである。

これに対し、閣僚は戦況について蚊帳の外に置かれていた。真珠湾攻撃時の首相は東條英機だったが、連合艦隊がハワイにひそかに出発した段階でも伝えられず、閣僚たちが知るのは攻撃が終わってからだった。東條が「ミッドウェー海戦の敗北を知らなかった」と井野碩哉（東條内閣の農林大臣）に、戦犯として共に収容されていた時に語ったという話が事実なら、東條英機は戦争遂行の「飾り」にしか過ぎなかったわけで、旧日本軍の最高指揮官・大元帥だった天皇の戦争責任が改めて問われることになる。

日本人の戦争責任の取り方

この国の戦争責任の取り方が、米国主導の極東国際軍事裁判（東京裁判）による二八名の「A級戦犯」の処刑、そして連合国七カ国が独自の法令に則り各地で行った軍事裁判（B・C級戦犯）で幕引きとなったのは、ドイツが官僚の責任を徹底的に追及しているのと対照的である。ゲシュタポとSS（ヒトラー親衛隊）については時効がないために、例えば二〇一二年に、九〇歳前後のアウシュビッツ収容所の元看守三人が逮捕された。これに対し、日本では連合国によるいずれの裁判でも警察と官僚機構の戦争責任は一切問わなかったどころか、戦後も引き続き政界・教育界や警察機構での「活躍」を許したのである。

満州国国務院実業部総務司長、総務庁次長などの官僚職や、東條英機内閣での商工大臣などを経験した岸信介は、A級戦犯被疑者として巣鴨刑務所に拘置されたものの不起訴となり、公職追放後に政界に復帰し、一九五七年に首相の座に就く。戦後、吉田内閣で文部大臣に就任した大達茂雄は、旧内務省の出身で、日本が占領したシンガポールの市長や内務大臣などを務め小磯内閣では閣僚だった。岸同様A級戦犯容疑で巣鴨拘置所に囚われたが、不起訴となった。敗戦時に内務大臣で、岸信介に近かった安倍源基は、A級戦犯容疑で一旦は逮捕されたものの、東條英機が絞首刑死した翌日、不起訴・釈放になった。初代の警視庁特高部長で、就任翌年（一九三三年）には、特高警察によって十九人が拷問死しているにもかかわらず……。戦後は一九五四年、乱闘国会で成立した新警察法による警察行政の中央集権的一元化実現に力を注ぎ、旧内務官僚出身者を中心とする自民党右派で構成された同党の政務調査会治安対策特別委員会で活躍したのである。一九五八年には木村篤太郎らと新右翼団体「新日本協議会」を結成、代表理事を務めた。

東京裁判やBC級戦犯裁判には、このほか天皇や財閥の不起訴を初め、七三一部隊による生体実験や細菌戦などの戦争犯罪が免責され、朝鮮人の強制連行など植民地での犯罪行為が不問に付されたなどの欠陥もある。日本共産党は、天皇の戦争責任を追及する動きを見せたが、国民の間には広がらなかった。徳田球一など幹部は、進駐軍を「解放軍」と錯覚し、日本を反共の砦と位置付けた米国によって公職追放されてしまったのだから。

BC級戦犯裁判終結間もなく四十八カ国と日本の間で調印されたサンフランシスコ講和条約（一九五一年）で、連合国は日本に対する賠償を放棄し、経済協力による「賠償」が進められたが、中国や韓国・朝鮮、台湾は講和会議に参加を認められなかった。その結果、日本人のあいだに「アメリカ相手に無謀な戦争をした」という認識は定着しても、中国との戦争で負けたことや朝鮮・台湾の植民地支配などについての認識は乏しいまま、戦後七〇年以上過ぎた。自分たちの手で戦争責任者を裁くこともなかった。

昨年十一月出版された井上寿一著『戦争調査会　幻の政府文書を読み解く』（講談社現代新書）では、これまであまり語られなかった事実が明らかになっている。この調査会は、日本が敗戦に至った理由を調査するために一九四五年十一月、幣原喜重郎内閣が立ち上げ、四〇回以上会議を開いたものの、一年弱でGHQによって廃止された。同首相は「大東亜戦争の原因及実相を明らかにすることは、之に関し犯したるが為に必要なりと考えられるが故に、内閣に右戦争の原因及実相調査に従事すべき部局を設置し、政治、軍事、経済、思想、文化等凡ゆる部門に亘り、徹底的に着手せんとす。」と、もとの内閣調査局案よりいっそう踏み込んだほど意欲を見せていたにもかかわらず、次の吉田茂内閣は、GHQの廃止要請に大した抵抗もなく従った。

この調査会が中途半端に終わったのは実に惜しいと思う。極東軍事裁判の判決との乖離や、元軍人や戦争遂行に協力した技術者らの人選などについてGHQが懸念を示した時に、もっと踏ん張ってほしかったとか、調査会が十分機能したなら今のように歴史修正主義がはびこる日本社会にはならなかったかも知れない、などいろんな思いが湧いてくる。

だった。

伊丹万作の発言

締めくくりにふさわしいのは、一般市民の戦争責任について見事な考察を見せた、映画監督の伊丹万作の「戦争責任者の問題」だと思う。敗戦から一年後、「映画春秋」創刊号に発表されたもので、肺結核で亡くなる直前

多くの人が、今度の戦争でだまされていたという。みながみな口を揃えてだまされていたという。私の知っている範囲ではおれがだましたのだといった人間はまだ一人もいない。ここらあたりから、もうぼつぼつわからなくなってくる。多くの人はだましたものとだまされたものとの区別は、はっきりしていると思っているようであるが、それが実は錯覚らしいのである。たとえば、民間のものは軍や官にだまされたと思っているが、軍や官の中へはいればみな上のほうをさして、上からだまされたというだろう。上のほうへ行けば、さらにもっと上のほうからだまされたというにきまっている。すると、最後にはたった一人か二人の人間が残る勘定になるが、いくら何でも、わずか一人や二人の智慧で一億の人間がだませるわけのものではない。(中略) 少なくとも戦争の期間をつうじて、だれが一番直接に、そして連続的に我々を圧迫しつづけたか、苦しめつづけたかということを考えるとき、だれの記憶にも直ぐ蘇ってくるのは、直ぐ近所の小商人の顔であり、隣組長や町会長の顔であり、あるいは郊外の百姓の顔であり、あるいは区役所や郵便局や交通機関や配給機関などの小役人や雇員や労働者であり、あるいは学校の先生であり、といったように、我々が日常的な生活を営むうえにおいていやでも接触しなければならない、あらゆる身近な人々であったということはいったい何を意味するのであろうか。(中略)そして、もしも諸君がこの見解の正しさを承認するならば、同じ戦争の間、ほとんど全部の国民が相互にだまし合わなければ生きて行けなかった事実をも、等しく承認されるにちがいないと思う。

しかし、それにもかかわらず、諸君は、依然として自分だけは人をだまさなかったと信じているのではないかと思う。

つまり、伊丹万作は、全ての国民にあの戦争への責任

がある、と言っているのである。抵抗を貫いた一部の人たちを除けば「一億総懺悔」するべきということだろう。

ただ、誤解のないように、私の考える「総懺悔」の意味は、この言葉を発したと言われる東久邇宮稔彦王首相のそれとはまるで違う。敗戦直後の同内閣は国民に対し「承詔必謹」と「国体護持」を説き、天皇制支配の維持に努めるとともに、一億総懺悔を主張し、天皇への敗戦の謝罪を唱えたのに対し、伊丹万作は、国民一人一人が戦争に加担した責任と向き合い、反省すべきだと言っているのだと思う。

日本人は、A級戦犯とBC級戦犯が裁かれたことで、あたかもアジア民衆への加害責任を取ったような錯覚に陥り、戦後の学校教育も原爆や大空襲や沖縄戦などもっぱら「被害」に焦点を当てて戦争の悲惨さを教えてきた。ベトナム反戦運動(一九六〇年代後半~一九七〇年代前半)によって、やっと東南アジアでの日本の加害にも関心が向けられるようになった。例えば日本がベトナムに大量の米を供出させた結果、戦争末期に大量の餓死者が出たり、ジャワ(インドネシア)のスマランで、連合国民であるオランダ人女性を日本軍による抑留所から「慰安所」へ連行して強姦した事実などが一般の人たちにも知られるようになった。

しかし、学校ではまず、こういったことは教えないから、今でも日本の戦争責任について知識が乏しいまま社会に出る。そして、太平洋戦争中の東南アジアでの加害だけでなく、朝鮮半島の三一独立運動弾圧(一九一九年)や中国での平頂山事件(一九三二年)、南京虐殺(一九三七年)、重慶爆撃(一九三八年~一九四三年)など植民地化したり侵略した国々での殺戮、蛮行も、ほとんど知らないか、知っていてもネット上の偽情報を信じている場合が少なくない。

私には、米国とフランスの大学で教えている、それぞれアメリカ人とチュニジア人の友達がいる。彼らが言うには、日本人学生は、アジア太平洋戦争や日本の朝鮮半島支配が話題になった時に、中国や韓国からの学生とは対照的に、ほとんど知識がないために議論に入っていけないそうである。「日本人は自国の近現代史について、もっと学ぶべきではないか」と二人とも言う。どちらも日本びいきで、前者は数年日本に住んだ経験があり、後者も二回訪日したことがある。そういう親日派・知日派からの真摯な忠告には耳を傾けるべきだと思う。

日本は侵略戦争などしなかったとか、欧米と戦うことでアジア各国の独立を助けたなどと信じている人たちは、一度、現地を訪れ、歴史資料館・博物館に足を運んだらどうか。そこでは、日本による侵略の歴史を学ぶことができる。親日的と言われる国でもそうだ。現地の人々は、日本が彼らの土地で何をしたかを、学校やこういう施設で学ぶ。中国の南京大虐殺記念館や抗日戦争記念館などに難癖をつける人は、これら東南アジア各国の施設の展示も「偽物」と決めつけるのだろうか。

伊丹万作は上記「戦争責任者の問題」で、日本人の国民性を痛烈に批判している。

そしてだまされたものの罪は、ただ単にだまされたという事実そのものの中にあるのではなく、あんなにも造作なくだまされるほど批判力を失い、思考力を失い、信念を失い、家畜的な盲従に自己の一切をゆだねるようになつてしまつていた国民全体の文化的無気力、無自覚、無反省、無責任などが悪の本体なのである。

このことは、過去の日本が、外国の力なしには封建制度も鎖国制度も独力で打破することができなかつた事実、個人の基本的人権さえも自力でつかみ得なかつた事実とまつたくその本質を等しくするものである。

そして、このことはまた、同時にあのような専横と圧制を支配者にゆるした国民の奴隷根性とも密接につながるものである。

一度だまされたら、二度とだまされまいとする真剣な自己反省と努力がなければ人間が進歩するわけはない。

敗戦後七〇年以上たった今でも色褪せない、日本人へのこの比類なき直言を改めてかみしめたい。

（方正友好交流の会　会報26号（本年五月刊）より転載）

会報『星火方正』とは

方正《ほうまさ》は、ソ連の参戦、日本の敗戦とともに祖国を目指した満州開拓民が難民、流浪の民となり、零下40度の冬の寒さ、飢え、栄養失調などで多くが息絶えた場所です。残留日本人女性が白骨の山を見て墓を建てたいと思い、最終的に周恩来首相の許可を得て一九六三年、高さ3・3mの石碑「方正地区日本人公墓」が建てられた。その後、文化大革命で紅衛兵が破壊しようとした時、黒竜江省政府が「これは日本軍の墓ではない。日本庶民の墓で、彼らに罪はない」と退けたという民族の憎悪を乗り越えて建立され、中国人民が管理維持している「公墓」。『星火方正』を発行する「方正友好交流の会」は、民衆レベルでの国際的な友愛精神を広めていこうと設立された。前身は一九九三年に設立、二〇〇五年に再発足し日中友好の原点の地「方正」に光をあてて活動している。

〈新シリーズ〉　戦争の記憶と向き合う若者たち

二〇一八年、というと、敗戦から七三年、学徒出陣からは七五年、「満州事変」から数えると八七年もの歳月が経とうとしています。もはや戦場での体験を持つ人は極めて少なくなり、社会に向けてそれを語ることのできる人となれば、一層少ない状況です。

『きけわだつみのこえ』をはじめとする戦没学生や戦没者の残した「記録」や、幸いに生き残った人々が苦痛とともに残した様々な「記憶」を、今日、どう受け止めるのか（ここで「記憶」とは、文章だけでなく、芸術作品やインタビュー、記念碑なども含めています）。自分の祖父母すら戦後世代となりつつあるこれからの若い世代にとっては、その作業が容易でないばかりか、作業の必要性すら感じていない人も多いのかもしれません。

とはいえ、変化する時代状況の中でも、戦争の記憶と向き合おうとする若い世代が少数ながらいることもまた、確かです。そうした二十代・三十代にとっての発表の場を機関誌『わだつみのこえ』に創り、読者の皆さんと彼らの考えを共有する機会としてこのシリーズを始めます。

ご意見、ご感想をお待ちしています。

神子島　健（会員）

マリアナ諸島における戦争の記憶を「かえりみる」（上）

新井　隆

1　はじめに―マリアナ諸島の歴史的背景―

グアムやサイパンという島の名を耳にした時、どのようなことを頭に思い浮かべるでしょうか。多くの日本人が訪れる「南国の楽園」…、アジア・太平洋戦争の激戦地・玉砕の地…といったいくつかのイメージが出てくるかもしれません。しかし、これらの島々がたどってきた歴史的な道のりに改めて目を向けてみると、日本社会のなかで思い起こされるグアム・サイパン像だけでは語りきれないものが見えてきます。

グアムやサイパンを含むマリアナ諸島は、過去約三五〇年にわたり、スペイン、ドイツ、米国、日本といった大国による植民地支配や戦争の影響を被ってきました。現在もサイパン(北マリアナ諸島)やグアムには、カトリックをはじめとするキリスト教の教会が散在し、後者においては、各村の守護聖人を祀るカトリックの行事であるフィエスタ(もとはスペインの伝統)が行われています。加えて、現地の人々が使う言語の中にも植民地支配の影響が見られます。マリアナ諸島の先住民の一つであるチャモロの人々が使うチャモロ語は、基本となる言葉の多くがスペイン語から派生したものであると言われており、加えてゾーリ(草履)、ベントー(弁当)、センセイ(先生)、コーバン(交番)など数々の日本語由来の単語も浸透しています。まさに、植民地支配による言語の支配がハイブリット化して残っているといえます(中山京子「ゾーリ? ダイゴ? コーバン?—チャモロ語にみる日本統治の名残」中山京子編著『グアム・サイパン・マリアナ諸島を知るための五四章』明石書店、二〇一二年)。

しかも、グアムと北マリアナ諸島における日本語の受容は一様ではなく、むしろ、こうした植民地主義や戦争といった歴史的背景を如実に映し出す鏡のようになっています。例えば、KOBAN(交番)という表現はサイパンでは目にすることができますが、グアムでは見つけることができません。このように日本語ひとつを取ってみても、現地の人々にとっての位置づけは、単純に割り切ることができないものとなっているのです。社会文化的な植民地支配の影響は、今日もなお日常生活の一部として複雑かつ根深く残っているといえます。

また、サイパンを含む北マリアナ諸島では、チャモロと並ぶもう一つの先住民として、カロリニアンと呼ばれる人々がいます。彼らは元々カロリン諸島に暮らしていた人々で、今では、北マリアナ諸島のほかに、ミクロネシア連邦やパラオ共和国に住んでいます。スペインによるマリアナ諸島の植民地支配以前から、現地のチャモロと交易関係を持っていたカロリニアンですが、彼らもまた、大国による植民地支配や戦争の影響を受けながら、一部がサイパンに移住し、定着していきました。これらチャモロやカロリニアンに関わる戦争の記憶の表象については、最後に述べたいと思います。

一七世紀後半から一九世紀末にかけての約二〇〇年間、スペインがマリアナ諸島を植民地支配していましたが、一八九八年の米西戦争でグアムは米国に割譲され、ロタ島以北の北マリアナ諸島はドイツに売却されることになりました。二〇世紀に入っても、同諸島は諸列強による植民地支配や戦争に晒されていきます。一九一四年に第一次世界大戦が勃発すると、日本は連合国側の一員として参戦し、赤道以北の旧ドイツ領太平洋諸島を占領しました。この軍事占領を画期として、それまでドイツに支配されていた北マリアナ諸島は、国際連盟のC式委任統治領として日本の管轄下に置かれることになり、第一次世界大戦後の一九二二年には南洋庁が置かれ、本格的に委任統治のかたちが整えられていきました。一方で、このような状況は近代日本の南進論が具現化したということもでき、アジア・太平洋戦争が近づいていくなか、ミクロネシアの島々では「南洋群島」として日本化政策も推進されていくようになります。

　同時期、マリアナ諸島最南端のグアムでは、米国が海軍による軍政を敷いていましたが、教育や公衆衛生など様々な社会的側面で米国化が進められていきました。米国にしてみれば、米西海岸とハワイやフィリピンをつなぐ航行ルートの重要な中継地としてグアムを確保しておきたいという思惑があったわけですが、背景には、十九世紀米国の西漸運動を下支えした「明白な天命」Manifest Destinyという考え方が存在していました。米国もまた、日本と同じように自国の植民地支配を正当化する論理を携えて、太平洋を目指したのです。

　そして一九四一年十二月、アジア・太平洋戦争の開戦と同時に、二日間の空襲の後、日本軍がグアムにも上陸し、以後二年七ヶ月に及ぶ占領統治が行われることになりました。日本によるグアム占領統治では、お辞儀の強制や学校における日本語教育といった日本化政策が推し進められ、「日本人」が現地の先住民チャモロを指導するという流れの中で、殴打などによる身体的懲罰が加えられることも度々ありました。こうした占領統治政策に通訳や警察補助といったかたちで協力することになったサイパンやロタのチャモロは、グアムのチャモロとの間に緊張関係を醸成し、戦後まで尾を引くこととなったのです（キース・L・カマチョ著、西村明・町泰樹訳『戦禍を記念する―グアム・サイパンの歴史と記憶』岩波書店、二〇一六年）。

　これら世紀転換期から二〇世紀はじめにかけての大国同士による戦争の結果、マリアナ諸島は政治的に分断されてしまいました。加えて、二〇世紀前半には日米による政治的軍事的なせめぎ合いが激化し、マリアナ諸島を含む太平洋島嶼地域がアジア・太平洋戦争に巻き込まれていく中で、同諸島における分断は政治的な側面だけでなく、精神的な側面にまで広がりを見せ、戦後グアムと北マリアナ諸島の関係にも深い影を落とすこととなったのです (Sanchez, Pedro C., Guahan *Guam: The History of our Island* (Agana: Sanchez Publishing House, 1989); Rogers, Robert F., *Destiny's Landfall (Revised Edition)*, (Honolulu: University of Hawai'i press, 2011[1995])。アジア・太平洋戦争後には、マリアナ諸島における米国の軍事化が進められ、グアムでは今でも島全体の三分の一が米軍や連邦政府の用地となっています。二〇〇〇年代以降の米軍再編問題でも沖縄の海兵隊をグアムに移転する計画が度々持ち上がっており、マリアナ諸島でも米軍の「軍事増強」military buildup の話題は再三地元紙に取り上げられています。

こうした一九 - 二〇世紀転換期からアジア・太平洋戦争後、そして現在に至るマリアナ諸島の歴史的背景と地政学的な位置関係を振り返りながら、戦争の記憶をめぐる各々の立ち位置を眺めてみると、日本で生活を営む者として考えなければならないことが浮かんできます。それは、マリアナ諸島にもたらされた「戦争の嵐」を経て、現地の人々がどのように多大な苦難を想起してきたかということです。この問いは裏を返せば、戦争の記憶をめぐって、マリアナ諸島の人々が日本（人）をどのように見てきたかを「かえりみる」ことでもあります。

「かえりみる」には、顧みる／省みるという二通りの漢字が使われますが、前者は振り返る、後者は反省・内省するというニュアンスがあります。私が今回の論考で「かえりみる」という表現を用いたのは、これらの意味をまとめて捉えながら、マリアナ諸島における戦争の記憶を考えてみたいという思いがあったからです。自らの立ち位置を振り返り／内省しつつ、かつての戦争にアプローチしていくことで、より身近な問題として、アジア・太平洋戦争を捉えていくことができるかもしれません。

これらの前提を踏まえるなら、日本社会に生きる私たちにとって、マリアナ諸島における戦争の記憶を「かえりみる」ことには、どのような意味があるのでしょうか。

2 アジア・太平洋戦争への関心

こうした問いかけに応えていくために、まずは私自身の問題関心を「かえりみる」ことから始めたいと思います。自分のことを話すのはいくらか気恥ずかしくもありますが、日本に暮らす一人の若手研究者がどのように「戦争なるもの」と関わってきたのかを述べることで、戦争の記憶への向き合い方を探る一助になればと、ささやかな願いを持っています。

まず、私がアジア・太平洋戦争に関心を抱くようになったきっかけとして、忘れてはならないのが祖父母の存在です。祖父（一九二三年長野県生まれ）と祖母（一九二六年長野県生まれ）はともに戦争の時代を生きてきており、二人の戦争体験については幼い頃によく話を聞いていました。祖父は仏領インドシナ（現在のベトナム）に出征しており、一九四四年一一月には一号策応作戦（大陸打通作戦）に加わり、一九四五年三月の明号作戦（仏印武力処理）にも参加しています。米軍の航空機に攻撃を受けたり、フランス軍と戦ったりしたという祖父の話を今でもよく覚えています。祖母からも、銃後における戦争体験として、昼時に度々空襲に遭ったり、「報国隊」として活動したりしたことを聞きました。淡々と自らの戦争体験を語ることもありましたが、しばしば目に涙をためながら話してくれたこともありました。特に、居間でテレビを見ている時にふと祖父が放った、「命は大切にしなくちゃいけない」という一言は今でも私の胸に突き刺さっています。

話を聞いた当時は、はっきりと感じ取ることはできていなかったように思いますが、戦場を生で体験してきた＝人間の死を間近で見てきた祖父の言葉が持つ重みは、振り返る度にズシリと心に響いてきます。こうした祖父母や私自身の感情の揺らぎは、戦争の記憶を扱うにあたっても、根本的な分析の意義づけを与えてくれます。つまり、戦争の時代を生きた一人一人の人間にまで視野を広げることの重要性と有意性です。これはもちろん、マリアナ諸島における戦争の記憶を考える際にも言えることで、日本や米国だけでなく、現地の人々の視点も分析・考察の射程に含めていくという姿勢につながるものです。実際に戦争を体験した祖父母という存在が身近にいる家庭環境の中で育ってきたことは、間接的なかたちではありますが、私自身が「戦争」というものに触れてきたことを示しています。

祖母は二〇一一年に、祖父は二〇一三年にそれぞれこの世を去っているため、もはや二人の口から直接戦争の話を聴くことはかないません。しかし、実際に戦争の時代を生きてきた祖父母が亡くなったことは、私にとって人間の死について、改めて強く考えさせられるきっかけにもなったのです。

もう一つ、私の問題関心を形づくる契機となったのが、高校の修学旅行で沖縄を訪れたことです。沖縄では、アジア・太平洋戦争の戦跡や平和祈念資料館に行ったり、沖縄戦を生き抜いた元ひめゆり学徒の方の話を聞いたりしましたが、この経験により私は戦争について「伝える」ことの意味を考えるようになり、より深く戦争について学びたいと思うようになりました。ちょうど高校卒業後の進路をどうしようかと考えていた時期でもありましたが、ここでの経験が今の自分の進路を直接決定づけたと言ってよいと思います。なかでも、ひめゆり平和祈念資料館の展示室で、沖縄戦で命を落とした女学生や引率教員の写真がズラッと並んだ光景を初めて見た時の衝撃は強烈でした。戦没した一人一人のまなざしが突き刺さってくるような感覚でした。ここでも、私の問題関心との関わりで大事になってくるのは、戦争の時代における個々の人間の生と死にいかに向き合うかという観点です。加えて、なぜこのような大勢の犠牲者を出す戦争が起きてしまったのかという、全体状況に対する視点も徐々に気になり始めました。後々、アジア・太平洋戦争に関わる個別具体的な出来事と全体に関する状況の関連を考えるきっかけになっていったと言えるでしょう。

さらに、戦争が人間の死と深くつながっているという、一見すると当たり前のように思えることを改めて痛感させられたのも沖縄修学旅行のある経験でした。具体的に言うと、沖縄戦で南風原《はえばる》陸軍病院の分室としても使われていた糸数アブチラガマ（糸数壕）の見学です。このガマでも実際に多くの人が命を落としていますが、自然洞窟を避難壕や野戦病院として利用していたこともあり、明かりを持っていかないと、何も見えないような状態でした。しかも、壕内の空気はどこか重苦しさを感じるところがあり、ガイドの方の説明を聞きながら、沖縄戦の記憶が深く刻まれた糸数アブチラガマという空間を肌身で感じました。戦場の一部となっていた場所に実際に足を運ぶことで、直に感じることのできる戦争の現実があるのだということを身に染みて気づかされたわけです。

ここまで私のアジア・太平洋戦争に対する問題関心を喚起する転換点となった二つの出来事について見てきましたが、次に現在の研究対象地域であるマリアナ諸島とどのようにつながりを持つようになったのかを確認していきたいと思います。

3　マリアナ諸島との出会い

アジア・太平洋戦争への関心は祖父母の存在や高校での沖縄修学旅行を通じて、さらに高まっていきました。入る大学を選ぶ際も、最終的にはアジア・太平洋戦争について学べるという点を重視しながら、志望校を探していました。大学入学後、歴史学と考古学を学ぶコースに所属しながら、歴史系を中心に様々な授業を取っていきましたが、その中で最も直接的に私の研究テーマにリンクしてきたのが、「歴史学専修演習」というグループワークを軸とする授業でした。この授業は四～五名程度のグループで国内外の文化遺産などを比較対照しながら、一年かけてまとめ・プレゼンテーションをしていくというものでした。そこで、私が参加したグループで扱った地域の一つがグアムでした。特に、グループ学習を行っていく中で取り上げた、山口誠『グアムと日本人―戦争を埋立てた楽園』岩波新書、二〇〇七年は、まさに後々、私の研究題目を決定づけることになる出会いでした。同書は、「日本人の楽園」としてのグアム像が創られる過程で、同島がかつて「大宮島」と呼ばれ、日米両軍がぶつかったアジア・太平洋戦争の激戦地だったことが日本の観光者たちに忘却されている様子を描き出していました。

それまでの私のグアム認識は、やはり「南国の楽園」というイメージが大部分を占めていました。あるいは、かつて戦場となった「玉砕の島」であるという意識も多少持ち合わせている程度のものでした。しかし、この「専修演習」での取り組みを経験したことで、既存のグアム像をいったん手放してから、改めて同島における戦争の記憶に向き合っていくことができるようになったのではないかと思います。端的に言えば、グアムにおける戦争の記憶への向き合い方が変わるきっかけになったという感じです。卒業論文でも、グアムにおける戦争の記憶を現地の先住民であるチャモロと日本との関係から読み解くことを目指しましたが、執筆前の現地調査でグアム

チャモロ語のみが刻まれた虐殺犠牲者の追悼碑
（グアム、メリッソ）　［2017 年 7 月筆者撮影］

を直接訪れることができたのも、私自身の研究を進める上で、貴重な経験となりました。

マリアナ諸島のなかで言うと、まずグアムから研究のアプローチを試みていったわけですが、大学院に進学してからは米国やサイパン（北マリアナ諸島）にも視野を広げながら分析・考察を進めていきました。サイパンを初めて訪ねたのは、マリアナ諸島の歴史に関する研究大会に参加した時でした。この研究大会では、グアムを中心とした修士課程までの研究内容を英語でごく簡単に報告しましたが、大会終わりのオプショナルツアーで島内各地に散在する戦跡や慰霊碑などを巡ることができました。

その後も資料調査やフィールドワークでグアム・サイパンの島内を何度も見て廻っているのですが、両島における戦争の記憶の表象からは、日米双方に対する複雑な距離感を窺い知ることができます。本稿の冒頭で、グアムとサイパンにおける日本語の受容の違いについて触れましたが、戦争の記憶をめぐっても同様のことが言えます。例えば、サイパンには戦前に建てられた神社や奉安殿が再建されていたり、島内のいたるところにサイパン戦で命を落とした日本人戦没者の慰霊碑が建てられたりしています。グアムにも日本人戦没者の慰霊碑は建てられていますが、「島内のいたるところ」というわけではありません。両島に残されている「戦争の痕跡」から見えてくるのは、まさにマリアナ諸島が晒されてきた植民地主義や戦争が及ぼす影響の根深さなのです。

4 グアム／サイパンで戦争の記憶を考える――「戦跡」空間へのまなざしから

グアムとサイパンに点在している「戦跡」の残され方を考える時、マリアナ諸島が被ってきた植民地支配と戦争の歴史を無視することはできません。これまで見てきたように、両島における「戦争の痕跡」には、日米がマリアナ諸島で軍事的政治的に鎬《しのぎ》を削ってきた歴史的背景が色濃く投影されているからです。

まず、グアムについては、アジア・太平洋戦争前後の米国による植民地支配の影響が強く、米国の「解放」言説が「戦跡」にも明確に表れています。例えば、太平洋戦争国立歴史公園として維持・管理されている「戦跡」空間を見てみると、戦争の記憶の米国化とも言うべき表象を垣間見ることができます。同歴史公園は、米内務省国立公園局（National Park Service）が管轄しており、グアム戦における米軍上陸地点であるアサン（Asan）とアガット（Agat）をはじめとし、かつて日米両軍の激戦が行われた場所を中心に整備されています。太平洋戦争国立歴史公園のような場所で戦争の記憶が想起される時、米国の存在が前景化するのに伴い、グアムやチャモロといった存在が後景に退いてしまいます。なぜなら、国立公園の設立には、国民統合を目指す側面が色濃く出ており、さらに、かつての戦場を国立公園局が維持・管理していくことで、戦争の記憶を米国の言説に取り込んでいくという流れが見られるようになるからです。これは、グアムにおける戦争の記憶の表象全体において、米国の存在が支配的地位を占めるほどに強力であることを顕著に示しています。

こうした状況は、アジア・太平洋戦争以降の同島における米国による軍事化の流れを踏まえると、グアムという島全体の空間形成に米国が多大な衝撃を与えてきたことをはっきり示しているといえるでしょう。しかし、同時に戦後グアムで顕在化してくるチャモロの土地接収問題や主権・自己決定権の問題とも相俟って、同島における戦争の記憶―特に米国との関係におけるもの―は「複雑さ」を帯びてきます。

また、サイパンについては、グアムの場合とは逆に記念・顕彰や追悼・慰霊の諸活動を含め、戦争の痕跡の残され方に日本の影響が多分に表れていることが看取できます。同島には、日本政府による「中部太平洋戦没者の碑」や「戦没日本人の碑」が建てられているのに加え、日本の宗教団体、地方自治体、戦友会など各種団体、あるいは個人の手による雑多な慰霊碑群や「墓地」が島内各地に散在しています。それも、戦後間もなくに建てら

米軍将兵とチャモロ・カロリニアンの記念碑
（サイパン、オレアイ）［2016 年 3 月筆者撮影］

れたものもあれば、ここ十年来で建てられたものもあります。つまり、それだけ戦後の長きにわたって、日本からの慰霊活動が継続していたことになります。戦後サイパンで建立されたのは、これら慰霊碑群や「墓地」だけに止まりません。先述したように、戦前の神社や奉安殿の再建なども、地元政府や観光局などの協力のもと、行われています。かつて日本が支配下に置き、日米戦の主戦場にもなった島の戦争の記憶をめぐる諸活動には、日本というアクターが深く関わっていることが浮き彫りになってくるのです。

ただ一方で、サイパンにおける戦争の記憶をめぐる諸活動に米国というアクターが全く関与していなかったわけではありません。戦後ミクロネシアにおける米国の支配（国連の戦略的信託統治）が及んでいたサイパン（北マリアナ諸島）でも、グアムで見られたような「解放」言説の浸透が試みられました。言い換えると、北マリアナ諸島における戦争の記憶の想起に関しても、米国は自らの影響力を保持・伸張させようとするねらいがあったと言えるのです。

しかし実際には、グアムのようには、米国による「解放」言説は浸透しませんでした。ガラパンの海沿いに位置するアメリカ記念公園は、マリアナ諸島でアジア・太平洋戦争の戦闘が終結してから、五〇周年や六〇周年という節目の年を目処に徐々に整備されてきました。しかし、グアムの太平洋戦争国立歴史公園に比して、時期的な遅れや公園化の程度の違いなど、整備のされ方に明確な差があることがわかります。裏を返せば、前述した通り、サイパンでは戦争の記憶をめぐる諸活動において、日本の影響が根強く残っている分、記憶の米国化が進みにくい素地があると言えるでしょう。

5 小括

最後に、グアムとサイパンを比較した際の大きな違いの一つとして、戦争の惨禍を被った現地住民に向けたメモリアルやモニュメントの位置づけに触れておきたいと思います。グアムでは、戦時中に犠牲になったチャモロのための記念碑やそれに付随する各種追悼の諸行事が毎年実施されています。メモリアルは、地元コミュニティや記念財団等により建てられたものがあり、なかにはチャモロ語のみで碑文が刻まれたメモリアルもあります。追悼行事についても、それぞれ始まった時期や主催者などに違いはあるものの、現在確認できるだけで六～七件の諸行事が継続的に毎年実施されています。つまり、チャモロの人々が自らの手で戦争の記憶を想起するための空間づくりを担い、メモリアルはその空間づくりに一役買っているのです。それだけ、チャモロの人々の手による想起の諸活動が活発であると言えます。

一方で、サイパンについては、現地の先住民であるカロリニアンやチャモロに向けた記念碑自体があまり多くないことに加え（現在確認できているのは、ガラパンとオレアイの二ヵ所）、そのいずれも米軍将兵に向けた記念碑とセットになっています。要するに、カロリニアンやチャモロの独立したメモリアルやモニュメントが確認できていないということになります。加えて、それらに付随したカロリニアン、チャモロのための追悼行事もグアムほど継続的に行われているわけではありません。ただ、マリアナ戦終結五〇周年、六〇周年、七〇周年というように一〇年毎の大きな節目で、かつて北マリアナ諸島で戦った日米両軍の将兵と併せるかたちで、地元住民もともに記念行事に参加するといった事例は見られます。七〇周年のポスターを見る限り、数日間にわたる大規模なものであることがわかりますが、継続的というよりは断続的な記念・追悼の諸行事と言えそうです。

以上のように、同じマリアナ諸島でもサイパン（北マリアナ諸島）とグアムでは、戦争の痕跡の刻まれ方に種々のちがいがあることがわかります。そして、それらの違いの背景には日米をはじめとする大国による相克に晒されてきたマリアナ諸島という姿が浮かび上がってきます。戦後も同諸島の戦争の記憶の想起に対して日米の影響力は持続しており、「戦跡」空間の変容にもつながっているのです。

（以下、次回につづく）

マリアナ諸島における戦争の記憶を「かえりみる」（下）

1. グアム／サイパンにおける戦争の記憶の多様性―想起の在り方から考える
2. アメリカにとってのグアム／サイパンの戦い
3. 日本にとってのグアム／サイパンの戦い
4. 現地住民にとってのグアム／サイパンの戦い
5. おわりに―マリアナ諸島における戦争の記憶を「かえりみる」意味とは

書評

火野葦平著『インパール作戦従軍記』

作家・火野葦平が見たインパール作戦

田口　裕史

「安全保障のリアリズム」というものがある。「平和をただ叫んでいても、世界が平和になるわけではない。避けられぬ戦争はある。必要な戦力を保持し、周辺諸国との駆け引きのなかで武力衝突の可能性を抑止していく戦略的思考こそが、必要だ」というわけだ。なるほど、それはとても大事なことだろう。

ただし、こうした「安全保障のリアリズム」を語り、日本国憲法の「非現実性」を指摘する研究者や政治家たち（とりわけ若い世代の）の語り口のなかに、私はむしろ、しばしばリアリズムの欠如を感じることがある。武力衝突や空襲のなかで、一人ひとりの「命」が失われていく。あるいは「命」が傷つけられていく。その重さを忘れて、「戦争」を語ることはできまい。かつて、日本の保守政治家たちのなかには、こうした「命のリアリズム」があり、それが、少なくとも憲法の平和主義を一定程度維持する歯止めにつながってきた。しかし、いま、地図上で安全保障の理論を語る若い研究者や政治家のなかに、そうした「命のリアリズム」を十分持たぬ人々がいるとするならば、それはとても恐ろしいことだ。

作家・火野葦平が描きだそうとしたのは、戦場を懸命に生きる一人ひとりの兵隊たちの姿だった。火野は、戦時中に「兵隊作家」と呼ばれ、たいへんな人気を集めた小説家である。一九三七年、陸軍伍長として応召した火野は、中国での戦争に一兵士として関わる。その後、自らの戦場体験をもとに書かれた小説『麦と兵隊』（一九三八年）は大ベストセラーとなり、一躍有名作家のひとりとなった。

「兵隊作家」としての彼の人生は、一九三八年に『糞尿譚』で第六回芥川賞を得たことにはじまる。これを機に陸軍は、「ペン」の力で日本の戦争に協力するという道を火野に与え、火野自身もその役割を誠実に担った。アジア各地の戦場・戦地を歩き、多くの文章を各メディアに発表したほか、文学報国会や大東亜文学者大会にも積極的に参加している。こうした火野の姿や作品からは、当時きわめて真面目に戦争に協力したひとつの精神のあり方を、読み取ることができる。

火野は、従軍時の記録を、こまめに、細かくメモしていたという。残された「従軍手帖」は二十数冊あり、本書『インパール作戦従軍記』は、そのうちのインパール編六冊分をほぼすべて活字化し、増田周子氏（関西大学教授）、渡辺考氏（NHKディレクター）の解説等を加え、出版したものである。

インパール作戦（一九四四年三月〜七月）は、司令部の杜撰な計画に基づく無謀な作戦として広く知られており、死傷者数は約七万二〇〇〇人にのぼると言われる。火野は陸軍報道班員として、同作戦に従軍した。一九四四年四月に日本を発ったときには作戦の早期完了も予想されたが、前線に近づくにつれ、火野は戦場の実態を目の当たりにすることとなる。克明に記されたメモからは、混乱し、疲弊した当時の現場の様子がよくわかる。一方で、現場の悲惨な状況を理解せず、軍は無謀な作戦を継続しようとする。兵隊たちのいる現場を歩く火野には、そのズレが痛いほど実感されたことだろう。手帖には、「路上の悽惨な状態に涙がとまらない」「この壮麗な景観のなかでは悽惨な死闘がつづけられてゐるのである。わが将兵の多くがここに屍の山をきづいた」という記述も残っている。とはいえ、報道班員としての火野は、「末端」の兵隊たちとは異なる立場からこの戦場を歩いた。本書だけを読んでも、個々の兵隊たちの体験した地獄が理解できるというものではないだろう。これまで出版された歴史研究書や手記、そして火野がインパール作戦従軍体験をもとに戦後執筆した小説『青春と泥濘』等と合わせて本書を読むことをお勧めしたい。「命のリアリズム」に近づくための手掛かりのひとつが、ここにはある。

わだつみ会には、かつて、「戦争体験の思想化」が大きなテーマとなっていた時期がある。会の中心に、戦争体験者が数多くいた時期のことだ。一人ひとりの人間の個別的な体験をこえて、それを思想化していくことが、広く、そして後世まで続く平和主義とその実践の土台となる。

むろん、いまも、こうした試みの重要性に変わりはないだろう。学徒兵たちの言葉が、個別的な体験にとどまる「昔話」に終わってしまうのでは意味がない。ただし、いまこの社会では、「体験」「思想」という両輪のうちのひとつ、「体験」が失われつつある。そうした今だからこそ、残された個別的な体験や、一人ひとりの「命」に愚直にこだわり続けること（しかも、靖国的なものに回収されないかたちで）には、大きな意味と価値がある。そして、それが、これからのわだつみ会の存在意義の一つなのかもしれない。火野の手記と小説を読み返しながら、そんなことを考えた。

『インパール作戦従軍記　葦平「従軍手帖」全文翻刻』（集英社、二〇一七年、五一八四円　税込）
『土と兵隊　麦と兵隊』（火野葦平戦争文学選第一巻）（社会批評社、二〇一三年、一六二〇円　税込）
『密林と兵隊―青春と泥濘』（火野葦平戦争文学選第四巻）（社会批評社、二〇一三年、一六二〇円　税込）

書評

熊野以素著

『九州大学生体解剖事件 ―七〇年目の真実』

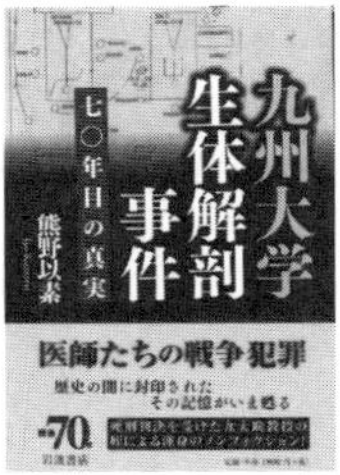

高須賀　建郎

大阪府豊中市会議員として、「九条の会・豊中いちばん星」の呼びかけ人として活躍される熊野以素さんの著作。熊野さんは豊中市での「森友疑惑」追及の三議員の一人としても活躍されている。その想いを垣間見える著作である。

本書は、戦犯とされた鳥巣太郎氏の姪である著者が、膨大な戦犯裁判記録、親族の証言などを基に、国立国会図書館に保存されていた米国の戦犯裁判記録からも再審記録を探査し、事実を明らかにしたものである。

第一章　生体実験
第二章　告発
第三章　B級戦犯裁判「九大生体解剖事件」
第四章　再審査
終　章　伯父と私

米軍捕虜に対する生体解剖・生体実験

戦争末期に本土空襲で撃墜された米軍B29の捕虜、その他捕虜を対象に九州帝大で行われた八人の生体解剖。『実験手術』と称して隠然と公然の秘密として実行された生体解剖・生体実験の経緯とその隠された事実が列挙されている。読むに従いそのおぞましい光景が想像したくなくとも目に焼き付くようだ。一方これらは、当時の医学会で知っていたが目をつぶった。学内関係者の多くは知っていたが目をつぶった。

は公然の事として語られてもいた。むしろ、学者の実績として評価されもした。あろうことか、最後に残った捕虜十数名は捕虜虐待の証拠隠滅のために八月一五日の敗戦放送直後に殺されていた。背景にあるのは、七三一部隊と同根の軍による犯罪と人間性の抹殺、大学内での上級教授以下の倫理欠如と責任回避である。

大学が一体となった戦争犯罪

鳥巣太郎氏は、医学部第一外科の助教授であった。生体解剖には心情的に葛藤・抵抗し、一部忌避したが流れにのみ込まれた。妻・蕗子の反対説得は身に染みたが、抗しきれなかった。

「内外の研究者の目前で繰り広げられた実質公開の手術、顧みられない医の倫理、その中で苦悩する伯父の姿……平時ならば善良な医師として生きたであろう人々が、戦争犯罪に加担していく。すべてが戦争の狂気がもたらした悲劇」「軍事法廷に渦巻く陰謀。罪を自覚するがゆえに窮地に追い込まれる伯父の姿」

一方多くの大学研究者・医師は、学術的興味と経歴のために、現場で生体解剖に意識的に協力ないしは傍観した。

第三章のB級戦犯裁判「九大生体解剖事件」で詳細に記述される経緯

この犯罪は起訴された。執刀した石山教授が自殺したため、弁護団は鳥巣氏を首謀者に仕立て上げ、大学や教授の責任を転嫁した。鳥巣氏はＧＨＱ中心の横浜裁判で死刑判決を受け覚悟したが、妻らの苦難の結果、再審査請求が認められ減刑を得た。その過程で、「法廷では許されなかった本当の証言」を、被告たちは嘆願書のなかで詳しく語っている。「そこから浮かび上がってきたのは、軍と大学の組織犯罪の真相である。」鳥巣氏は、妻の必死の苦労もあって絞首刑から十年に減刑となり、のち三年半で服役を終え釈放された。

「『軍隊は決して責任をとらないものだ』と鳥巣は後年、著者に語った」

「仕方がなかったとは言うてはいかんのです」

「当時、ああする命令に従うよりほかに仕方がなかったのではないかという問いに、あの時代に反戦を叫ぶことに比べれば、私らが解剖を拒否することの方がたやすかったかもしれません。ともかくどんな事情があろうと、仕方がなかったと言うてはいかんのです。」

また、著者の熊野以素氏は伯父の鳥巣氏からこのようにも聞かされた。「叔父夫婦は一九五五年に福岡市内で開業した。「元戦犯には貸せない」という銀行もあり、……多くの苦労があったが……小さいながらも設備の整った外科医院を開くことができた。……伯父の名医の評判は広まり、多くの患者が集まるようになった。」

「釈放後、九大関係から有利な就職口の話があったということも聞いた。おそらく九大関係の病院か何かだったろう。事実、九大事件の関係者の一人は某公立病院に迎えられている。伯父は断ったという、「宮仕えはこりごりだ」と。」

熊野氏が学生時代に体調を崩し伯父の病院で療養していた時に、伯父から聞かされた。「ベッドで憲法の教科書を読んでいた私に伯父は、「以素子、憲法の解釈はただ一つだ。あの憲法をつくった日の気持ちに立ち返って考えればすぐわかる」と強い調子で言った。「日本は永久に戦争を放棄したのだ」」

「これまで自分が尊いと思うておったものが、信じていた価値が一挙にひっくり返る。そんな瞬間が人生にはある。名誉も地位も何もかもが空しうなる。その時、人間の裸の姿がわかる、その人間の本当の値打ちが決まる。」

医師・科学技術者に留まらず、その社会的責任に対し、私利私欲と保身からどう自分を克服するかということ。自由と平和へのこだわりが身に染みる書物だと思う。口をつぐむ容易さを選択してはならない。その難しさをどう乗り越えるかを考えさせられる。この体質が、今の日本の隠ぺい政治と情報公開の風土の欠如と制度の未発達にも脈々と引き継がれていると考えた。

（岩波書店、二〇一五年四月、一九〇〇円＋税）

〈**参考資料**〉

（YouTube 画像）二〇一三年

「米国でスクープ発見　封印された供述調書」（TV asahi 編集放映）

https://www.youtube.com/watch?v=Z0GoRHRhOjI&list=PLHa7_sOvkUpdXhl4ctt9agdjg_z5znBv

（YouTube 画像）二〇一五年

「九州大学生体解剖事件　七〇年目の真実（岩波書店）」を出版した熊野以素さんの真実に迫る講演記録

https://www.youtube.com/watch?v=xL84T6aII4c&list=PLHa7_sOvkUpdXhl4ctt9agdjg_z5znBv&index=3

書評

山本義隆著『近代日本一五〇年　科学技術総力戦体制の破綻』を読んで

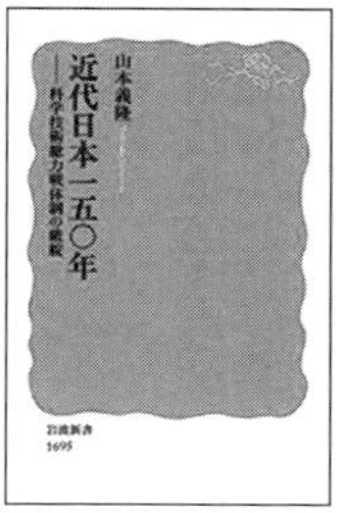

山内　知也

原子炉が一度に三つも溶け落ちるという破局的な原発事故が起きた。絶えず流入する地下水が生み出す汚染水の発生は凍土壁が完成した後も止まっていない。小児甲状腺がんが多発しており、それが被曝の影響であることが疫学的に明らかになった。撒き散らされた放射能の大半はそのままであり、新たな放出も続いており、この意味で事故は続いている。冷却の出来なくなった原子炉が溶融事故を起こしたのであって、原子力事故としては古典的なものであった。しかしその原子炉は米国製あるいはその模造品であり、日本列島に固有とも言える災害である巨大地震や津波に対する備えはまるでなっていなかった。こうした指摘は事故後には、火山噴火の影響も含めて、はっきりと聞かれるようになったし、今も行われている。それでも政府機関である原子力規制委員会は原発の再稼動を坦々と進めている。そこでは地震や火山を専門とする科学者の意見は尊重されていない。小児甲状腺がんについては疫学の分析結果の活用に失敗し、福島医科大だけでなく日本人の専門家が主導して国際機関を巻き込んで医学的根拠に基づかない議論が続いている。司法や学術団体からも有効な歯止めがかからない。この原発と原発事故に対する批判の弱さは何なのか。さかのぼって地震と津波によってもろくも溶け落ちるような原発を建設したのはどうしてか。原子力工学者に至っては反省とか悪びれる様子、自らの無能さ加減を恥ずかしがる素振りすらない。無責任ぶりと倫理観の微塵のなさは何故か。原子力産業は今の政権を巻き込みながら原発の輸出を続けようとしている。そもそも原発という電気を発生させるための施設に異様なまでに国家として日本がこだわったのは、そして事故を起こしても寄りすがろうとするのはどうしてか。高い技術力と製造力を持ちながらもめっぽう科学に弱く、人ではなくて産業を守ろうとする、このグロテスクな極東の「近代国家」はどのようにして生まれたのか。このような問いに答えるためには、私たちは戦中や戦前ばかりか黒船がやってきた時代から思い起こさなければならないのかも知れない。日本人が何を学び、何を学ばなかったのかを日本近代史から知るためである。日本人は科学を科学としては学んでいないのではないか。そして科学と科学に基づいた作法に沿って物事を考える能力、科学哲学を身につけていないのではないか。このような思いを抱きながらこの書を手に取った。

本書は元東大全共闘代表で予備校講師の山本義隆氏による日本近代科学史・技術史である。『重力と力学的世界観』や『熱学思想の史的展開』、『古典力学の形成』、『磁力と重力の発見』といった科学史に関する優れた著作があり、さらに二巻からなる『解析力学』は現代の理論物理学を志す学生に欠かせない教科書である。日本人の科学技術観を議論するのに最もふさわしい人物のように思える。

序文の最後には「科学技術の破綻としての福島の原発事故、そして経済成長の終焉を象徴する人口減少という、明治以降初めての事態に日本は遭遇している。大国主義ナショナリズムに突き動かされて進められてきた日本の近代化をあらためて見直すべき決定的なときがきていると考えられる。本書は、そういう思いから捉え返した近代日本一五〇年の歩みである」と紹介している。

「科学技術の発展と経済成長を最優先するあり方に対する批判」はこれまでもあったが、そのような近代化のあり方が、原発事故のみならず人口減少に帰結しているとの指摘は日本に住む我々にとってずっしりと重い。実感としても「科学技術の発展」も「経済成長」とやらも人々を幸せにはしていない。黒船来航の時代、日本は「海外植民地獲得に突き進んでいた」列強諸国との競争を強いられ、「政治思想の面では西欧近代の民主主義思想を、社会思想の面では人権思想を、いずれも十分に尊重することもないままに、天皇制国家形成にいたった」が、「他方で、西欧の科学技術にたいしては貪欲にそしてかなり効率的に吸収し、官の指導と軍の牽引により、工業化としての近代化を成し遂げ、一九世紀後半に帝国主義「列強」クラブの仲間入りをはたした。日本のその歩みはアジア・太平洋戦争の敗北でひとたびは頓挫したが、戦後、あらためて新憲法のもとで、経済大国としての復活を遂げた」との概観を与えている。

憲法は新しくなったが「明治期も戦後も、列強主義・大国主義ナショナリズムに突き動かされて、エネルギー革命と科学技術の進歩に支えられた経済成長を追求してきたのであり、その意味では一貫している」とし、山本氏は戦前と戦後との連続性を指摘する。現政権が主導する改憲の動きを見ても、権力を縛るという憲法の本来的な意味すら奪われようとしている程に弱い民主主義と人権思想を見てもそうであるが、原発への異様なこだわりを見ても、この連続性の指摘にはうなずける。「科学技術の進歩に対する無批判な信頼と無条件の礼賛」、「階級的立場を問わず思想信条を問わず」この「成長イデオロギー」を省みる術すら身につけられなかったし、原発事故後もそのままである。原発事故を起こし、人口の減少が避けられなくなってもこの「成長イデオロギー」を省みることができないのはどうしてか。本文に進みたい。

第1章では黒船来航の頃の「欧米との出会い」が綴られているが、近代日本とその科学技術の性格が、この時期に決定づけられたという。一般に「科学技術」は英語の Science and Technology に対応すると考えられており、「科学と技術」を意味する。それを明確にするために「科学・技術」と記されることも多い。しかし、山本氏の言う「科学技術」はそれとは異なり、「客観的法則性として表される科学理論の生産実践への意識的適用としての技術」として規定されている。この規定は今の日本人の科学技術観をうまく表しているように思う。工学部や理工学部出身の、いわゆる理系の方々にとっては違和感がないというよりも当たり前に聞こえるだろう。しかしこの元々は異なる起源をもつ科学と技術とに意識的な区別がつけられていないことが日本のひとつの特徴である。一八世紀後半からの「イギリスの産業革命の過程で、蒸気機関の発展による動力革命と紡績産業の機械化が達成されるが、その過程にオクスフォードとケンブリッジは何の寄与もしていない」という指摘は面白い。ワットは蒸気機関の改良に際して「科学的な手法」で臨んだが、高等教育とは無縁であった。科学は聖職者や大学のアカデミーの中で、技術は職人たちの創意工夫によってそれぞれに営まれていたのである。技術は技術として進歩し、ワットのそれもその枠内で成し遂げられた。一九世紀になってファラデーらによって電磁誘導の法則が見出され、電磁気学が確立する。「運動エネルギーの電気エネルギーへの転換の道が開かれ、ここにその後の電気文明全面開花の端緒が形成された。」また、「熱力学の原理が発見」され、「エネルギー概念が確立され」蒸気機関や内燃機関について「物理学の発展にもとづく改良が可能となった。」そして「アニリン合成の成功」は、「有機合成化学工業」を生み出した。「科学が技術に先行し、技術にたいして指導性を発揮して科学技術が形成される」時代のはじまりであった。「日本が欧米の技術に開眼したのは、まさにこの時代であった。それより明治期には、欧米伝来の技術があまねく科学技術であると受け取られることになった。」「西洋においては、およそ技術という技術は、ごく卑近な技術にいたるまで、すべからく科学理論、とりわけ物理学にもとづいて形成されたものである」と、福沢諭吉をはじめとする当時の支配的な知識人は一様に思い込んだ。「明治期の日本では、科学は技術のための補助学として学ばれたのであり、今日にいたるまでの日本の科学教育は、世界観・自然観の涵養よりも、実用性に大きな比重を置いて遂行されることになった。日本が近代化に素早く成功した一つの理由でもあるが、それはまた、日本の近代化の底の浅さの原因でもある」と山本氏は言う。技術を発展させるためにはまず物理学を学べばよいと思い込んでしまうと、人々の欲求や人々の生活、子や孫の世代の生活には目は届かなくなる。

世界観や自然観についての知的好奇心とは別の文脈から科学に接近したのが近代日本の特徴である。別の文脈とは何か。幕末の知識人や明治政府にとって、欧米の科学技術とは軍事技術であった。江戸末期には、「強国だと思われていた清朝中国が近代兵器を装備した英国軍隊にあえなく敗北したことは、日本の支配層に欧米の軍事力の優秀さを印象づけるとともに、多大な危機感を与えることになった。」明治政府の「中心を担ったのは長州と薩摩の藩士だが、彼らは日本で唯一、欧米の軍隊と直接戦った経験を」有し、完敗を通じて、「欧米の軍事力の優越性を身にしみて知った」のである。そして、「たえず進歩し、たえず成長しなければ国家として生き残れないという強迫観念を植えつけられた」というのが日本に特徴的な文脈である。この時期の欧米の「科学技術は、人間が自然よりも優位にあるという立場の近代科学にもとづいているのであり、ここから技術によって自然を人間に奉仕させる、技術によって自然を征服する、技術によって自然から収奪するという観念が生まれ」、「科学技術幻想が肥大化してゆく」まさにその段階にあった。福沢諭吉らもまた、「過大なる科学技術幻想に囚われていたのであり、その幻想は、以後一五〇年にわたって日本を呪縛することに」なった。知的好奇心などではなく、列強諸国に侵略される恐怖が科学を学ぶ契機となり、科学技術によって生き残ることができると考えたこと、そして軍事技術から出発したのが日本の科学技術の特徴である。

面白さや好奇心とかでは全くなく、恐怖心から学問が、科学がはじまってしまった。

第2章の「資本主義への歩み」では、欧米から50年という絶妙の遅れで近代科学技術の習得を開始した日本の奇跡的成功が紹介されている。科学技術の担い手となる人材の教育のために工学寮が山尾庸三らによって創られ、それは後の工部大学校に発展し、東京大学工学部の前身となる。それは理学部の設置に先行しており、教師は全てイギリス人だった。「在来の職人層に依拠し、彼らの発意を促して、従来の技術を改良し発展させるのではなく、おもに士族の中から能力のあるものを選抜して技術仕を育成し、彼らの指導で欧米の科学技術をほとんど白紙の状態にある日本にひたすら移植することであった」職人や商人の仕事を蔑んでいた士族の階級的偏見を払拭するために、工部大学校で教育される技術を「舶来のものとして箔をつけ、お上のものとして権威づけ」「教育される技術者を、技術エリート・技術士官として在来の職人から差別化」し、「学生たちに強烈なエリート意識を植えつけた」「市民社会がすでに形成され、その発展過程で職人層の内部から技術革新の担い手として生まれてきた西欧とりわけ英国の技術者と、支配層の出自で、市民社会誕生以前にいきなり工業化の担い手として国家の指導で教育された日本の技術官僚は、根本的に異なっていた。」「上級の技術者たちに、一方では過剰はエリート意識と排他的な性格、他方では官僚的で国家に対しては従順な性格を与えることになった。」このあたりまで読むと福島原発事故直後にニュースに登場して「原子炉は安定している」との発言を繰り返していた東大教授連を思い出し、さもありなんとすんなり納得してしまった。

蒸気機関は鉄道とともに製糸業に導入されるが、外貨の獲得のために農村の女子が酷使される。フランス大使は「恐ろしいほどの犠牲を払い、みずからの血肉を削って、かろうじて西欧との僅差をたもつことができているのです」と若年女工の労働実態を記している。電気は銅山の大規模化に利用されたが、足尾では「明治におけるもっとも深刻な公害」が生み出された。日本の急速な資本主義化は「農村労働力の過酷な収奪と農村共同体の無残は破壊を不可欠の因子として遂行された」のである。過労死のニュースは今日も伝えられている。日本の科学技術は重労働を産むものとして、農業と漁業そしてその地域社会を破壊するものとして登場し現在に至っている。

第3章の「帝国主義と科学」には、「日清・日露の両戦争をへて第一次世界大戦」に向けて「朝鮮・台湾を植民地として獲得」する過程の中で大学と軍との当たり前のような協調が進められていたことが記されている。「この時期、軍事力はまだ国内平定に向けられていたが、やがて、対外進出のためのものに変貌してゆき、それに応じて電信網や鉄道路線の拡張も、帝国主義的な意義を帯びてゆく。」朝鮮半島の韓国鉄道創設に関わった渋沢栄一は「この鉄道が敷設せられたために、日露戦争の勃発に際しては、軍事上頗る重大な役目を演じたことは私の私かに自ら慰めている処である」と述懐しているという。「鉄道と電信は、明治期をとおして、中央集権化された新生日本国家の建設に大きな力を発揮しただけでなく、同時に日本帝国主義の朝鮮・中国進出のための人とものと情報のハイウェーとなったのである。」軍事力が「対外侵略的なものへと変貌していくことになるが、学者はその過程に何の疑問もなく追随していった。」洋上の測位で重要となる地磁気データを測定していた東京理学部物理教室の創始者とされる田中館は、それを「ロシアとの日本海海戦の前に」日本海軍に当然のこととして提供している。田中館は後に「日本の古典、歴史、支那の文学をのみ修めてをつたならば、今日の戦争のみならず日清戦争でも日露戦争でもあの戦果を挙げることはできなかった」と語っている。寺田寅彦も「日本軍がシベリアへ出征するという場合でも、気象学上の知識は非常に必要である」と説いている。長岡半太郎は「折々海軍造兵廠にお出でになって、技術指導をされた」という。「ちなみに、京都帝大の誕生は、日清戦争での賠償金によるものであり、九州帝大と東北帝大は、古河鉱業の寄付によって生まれた。古河市兵衛は、足尾鉱毒事件での世間の非難を緩和するために寄付をしたと伝えられる。」日本の大学における学問はその誕生から軍事力や公害企業とともにあり、「戦果」を求め自身の功績を誇っていた。西欧文明に対する病的なまでの劣等感の反作用として産まれた朝鮮・中国・ロシアに対する侵略的な政治的意思、アジアに対する蔑視は、歴史に名を残す科学者らにも共有されていたことになる。

本論は「総力戦体制にむけて（第4章）」、「戦時下の科学技術（第5章）」、「そして戦後社会（第6章）」、「原子力開発をめぐって（第6章）」と続く。

本書の副題にもなっている「総力戦体制」は、最初の科学戦と呼ばれる第一次世界大戦と第二次世界大戦までの期間に確立する。軍直属の研究所とともに、敗戦後まで続くところで言えば、理化学研究所や大阪工業試験所、海洋気象台、東北大金属材料研究所、東大地震研究所等が創られた。「軍用国産車の量産体制」を築くために日産やトヨタや三菱重工業が自動車の生産に取り組むようになった。この時にテクノクラート、すなわち「軍の力の増強に並行して、社会工学的な思想を有し、国家の技術政策の司令塔を志向する専門技術官僚が、全体主義体制形成の協力者・設計者として登場してきたのである。」「東大工学部出身で内務省の技術官僚・宮本武之輔」は、「技術が国防国家最重要資源の一つと認められるかぎり、これを国家的資源として、国家的性格において活用すべきは、当然の国家的要求である。技術の国家管理はこの理念に立脚する。それは技術の従来的な自由主義的経済理念からの解放を意味する」とした。「解放」という言葉がこの文脈で使われていたことには驚くが、原発に対する通産省や後の経産省の思想に繋がっているように思える。「急速にファシズムへと傾斜していった昭和」のその時期の技術官僚の言である。「四二年には北海道から九州までを九ブロックに分けて各地区に配電事業を担当する配電会社が新たに設立され、こうして日本の電気事業はひとつの発電会社・日発と九社の送電会社に整理統合され、電力の一元的国家管理が完成した。これをもって、官僚主導の統制経済の本格稼働と見ることができる」と山本氏はしている。第二次大戦後の電力会社の基本的な姿はこの時に登場している。

「科学技術は、明治期には列強に包囲されている中で独立を達成するためのものとして学ばれたのだが、日清・日露戦争から第一次大戦をへて植民地を獲得したこの時点では、列強に伍して帝国・日本を維持していくための手段としての側面が強調される」ようになった。東大理学部長を務めた藤沢利喜太郎の演説が紹介されているが、それを契機に「日本学術振興会」が設立されたことを初めて知った。独立行政法人となった現在でも「学振」が取り仕切る「科学研究費補助金（科研費）」等の研究予算配分システムは、大学や研究機関の研究者を全体として束ねている。「広重徹は「学振の設立」を「日本科学史に一つの時期を画する事件」と評価し「日本科学の近代化の悲劇は、……軍国主義の進展という社会的条件のもとでしか近代化が始まらなかったという点に求められるべきである」と総括している。」山本氏による「軍の意向のなかに、日本の近代化を推進する要素が含まれていたことになる」という指摘は、極めて冷静な見方であると思う。その「科研費」は「軍人であった荒木文部大臣」が新設したという。荒木は「大学の教授や学長の人事権を大学から取り上げ政府の任命制にすることを企てた」「大学自治への攻撃者」であったが、「研究制度の近代化や研究体制の充実を図った」「大学の研究体制の充実と近代化が、大学自治の侵犯と抱き合わせで推進されたのである。そして研究者はそれを受け入れた。」その成果として海洋学と気象学の成果が紹介されているが、これらは海軍の活動に直結するものであった。

戦時下、大阪帝国大学教授・菊池正士は朝日新聞に「全国の各大学の各講座の統率者が現在の学術研究会議のようなものを組織する。そしてこの会議がわが国における学術界の参謀本部となり、軍部や企画院と連絡をとり研究方針を決定し資材の配分を行ひまた、教授、助教授の任免の権限をもつ、大学以外の各省や民間の研究所からもそれぞれ指導者がこの会議の会員として加わる」と寄稿している。大学教授による「大学の自治」すら放棄しているのである。山本氏は「狂信的国家主義者の言葉ではない。博士号を有し国際的な実績も名声もある研究者が、全体主義国家における科学研究のあり方を率先して語っていたのである。」としているが、当時の理系の大学教授は一様に国家主義者だったのであり、それは現在も大差ないのではないかと私には思える。米軍が阪大の「サイクロトロン」を廃棄する際に、反対するどころかその現場に立ち会おうとした教官すらほとんど居なかったという思い出を聞いたことがある。技術にのみ興味があり、研究する予算さえあれば軍事研究でも全体主義でも受け入れる。このような倫理観のなさは、戦争を通じて純化され現在に続いているように思えるのである。「後進資本主義としての封建性の残滓や、右翼国粋主義者の反知性主義による非合理にたいして、近代化と科学的合理性を対置し、社会全体の高度化にむけて科学研究の発展を第一義に置くかぎり、総力戦・科学戦にむけた軍と官僚による上からの近代化・合理化の攻勢にたいしては抵抗する論理を持ち合わせず、管理と統制に簡単に飲み込まれていったのである。」「科学動員のかけ声のもとで研究者や技術者は優遇され、戦時下の理系ブームがもたらされた。」その一方で「工場や鉱山等での労働条件は悪化していった。」「国内の労働者の多くが戦争に駆り出され、労働力がさらに払底した状況下では、強制連行で集められた朝鮮人や中国人、あるいは連合国の捕虜が、劣悪な労働環境で働かされていた。」

山本氏が日本近代史をまとめるに当たって、植民地における地域共同体の破壊を伴う支配の不当さ、足尾銅山や水俣の公害による命に関わる健康被害と農業や漁業の被害、炭鉱における爆発事故等の劣悪なる状況を鋭く批判する点については共感を覚える。科学技術が平時と戦時の軍事力強化の経済成長に使われてきたことを示す実例だと考えるからである。ただ「マルクス主義者が、個別資本の恣意的でアナーキーな利潤追求を抑制して社会全体の生産活動の合理化と生産力の高度化を推進する力を、軍と官僚による独裁に認め、そこに日本の産業と学術の後進性からの脱却の希望を託した」というまとめ方には違和感を覚える。当時はそうした「マルクス主義者」しかいなかったのかも知れないが、マルクス主義者が認める独裁は労働者階級による独裁のはずだからである。

湯川秀樹が「総力戦の一環としての科学戦においても残念ながら敗北した」と敗戦を振り返ったことが紹介されている。「現実には「科学戦で敗北した」という総括は、責任逃れにとどまらず、初めて直面した原子爆弾の異次元の破壊力と殺傷力を背景に語られることにより、それまでの戦争指導の責任、および大本営の虚偽宣伝でもって戦況を偽り、そのことによって敗戦の受け入れを先送りしてきた責任をうやむやにして、民衆に敗戦を受け入れさせるための、願ってもない口実を戦争指導者に与えた」という指摘は重要である。また、「実際には、蒋介石に国民党軍にせよ毛沢東の共産党軍にせよ、経済力や技術力では日本軍にはるか及ばなかったが、にもかかわらず、日本軍は中国大陸の泥沼の中で身動きが取れなくなっていた」が、「科学戦に負けた」ということで「中国に対する敗北に目を」とざすと「同時に、アジアの政治的・道義的責任に目をつむったのである」という指摘も重い。これに加えて「科学振興による高度国防国家の建設」の看板を「科学振興による平和国家の建設」に差しかえて、理系の研究者は、戦争に対する反省もなく、今まで通り研究にいそしんできたことが検証されている。「「合理的」であること、「科学的」であることが、それ自体で非人間的な抑圧の道具ともなりうるのであり、そのことの反省をぬきに、ふたたび「科学振興」を言っても、やがて足元をすくわれるであろう。それを私たちは、やがて戦後の原子力開発に見ることになる」とのまとめは秀逸である。

侵略戦争と敗戦、高度成長を通じて、日本の科学技術至上主義とそれによって成長するというイデオロギーは純化してきた。その歴史が個別の出来事について本質をたどりながら展開されている。原発については「電力の需要があって原発を造ったのではなく、原発を造ったことで電力需要の掘り起こしが必要になった。」そのグロテスクさは極まり、福島原発事故を迎えた。本論は二〇一四年四月の大飯原発差止裁判の福井地裁判決をもって閉じている。「福島の事故は、明治以来、「富国強兵」から「大東亜共栄圏」をへて戦後の「国際競争」に至るまで一貫して国家目的として語られてきた「国富」の概念の転換を迫っているのである」と。

山本氏は「おわりに」において塩川喜信氏による書物の一節を引用しており、そこにはエンゲルスが登場している。「「ユートピア」を批判し「科学的」な未来を描こうとしたのがエンゲルスであった」とある箇所である。山本氏は「科学技術」を「客観的法則性として表される科学理論の生産実践への意識的適用としての技術」と規定しているし、私はこれを妥当だと考える。そうであれば、エンゲルスの「科学的」とは、良心的な資本家の善意によって社会主義を実現するのではなくて、社会主義社会の現実的担い手が労働者階級として生まれていることの指摘こそが科学的の意味であったことに注意が必要なはずである。エンゲルスの生きた時代は本書にも登場した「エネルギー概念が確立され」、「アニリン合成」に成功した頃であった。

日本の科学技術は、一五〇〇年前に軍事技術の獲得を目的として、士族階級出身のエリートらによって経済成長を直接かつ最終的な目的として生み出されて今日に脈々と続いている。科学の自立的発展者は自分をエリートだと思っているが、第二次大戦後や福島原発事故後の有様を見ても、反省することも責任を取ることも知らない。技術を役立てるのは人々の快適な生活や幸せな人生のためではなくて、経済成長のためでしかない。やはり日本人は科学を科学としては学んでいない。

紹介できなかったところも多い。読んでいただきたい一冊である。

（岩波新書、二〇一八年一月、九四〇＋税）

新会員のことば

江原　良子

ここ数年の日本や世界の動きを見るにつけ、人間がいかに脆い愚かな存在であるかを思い知らされます。二度の大戦の惨禍を経て、人類がようやく手にした国際ルール、人権思想が砂のように崩れていく。日本でも戦後民主主義を否定する動きが、こんなにもあからさまになってしまいました。

日本人がこのような情緒的な、懐古的な在り方を乗り越える手だては何か、わたしは微力ながら考え続けていきたいと思います。

日本戦没学生記念会二〇一八―一九年度　総会議事報告

日本戦没学生記念会（わだつみ会）の「二〇一八―一九年度総会」は、二〇一八年四月一五日（日）午後一時半から、わだつみ会事務所で開催された。

総会は、出席者一一名、委任状四七名、計五八名で総会成立要件を満たして開催された。（途中参加者を含め採決時には出席者一三名、委任状四八名）

物故会員八名への弔意の黙とうを行なった。

手塚久四、猪熊得郎、尾形憲、小島晋治、菅富士夫、伊藤成彦、稲岡芳雄、高柳美知子（敬称略）

議長に松浦勉、書記に愛場謙嗣を選出し、審議に入った。

第一号議案「二〇一六・一七年度事業（活動）報告」

議案が提案され、審議の中で活動報告の『12・1不戦のつどい』が『わだつみのこえ記念館』の共催であったことを追記、「八・一五集会」が不戦兵士・市民の会の協賛を受けていたことを追記し、採決に入り全員一致で承認された。

高橋武智理事長の挨拶

今年も皆さんが出席いただき、嬉しい限りです。わだつみ会は終わっているという人がいることも承知していますが、一人でもやるという人がいる以上は続いていくものだと思います。私は止める方に組するつもりはありません。

第二号議案「二〇一六・一七年度決算報告・監査報告」

決算報告が行なわれ、監査結果（稲葉監事欠席のため石井副理事長が代読）が報告された。審議の後、採決に入り全員一致で承認された。

第三号議案「二〇一八・一九年度の事業（活動）計画」

事務局長が議案書を読みながら補足説明。要旨は①今期は不戦平和と護憲の闘いを前面に活動する、②機関誌

「わだつみのこえ」を強化してより魅力的にする、③わだつみ会の運営の合理化、④新会員の獲得と組織の活性化、⑤機関誌「わだつみのこえ」発刊六〇周年の記念行事(特別号の発行)。

先期から今春に二五人の新規入会があった。今年も引き続いて会員を拡大していきたい。また機関誌の誌友を拡大し、機関誌の財政的基盤を作りたい。また関西、北海道の地域の活動を広めて行きたい。

審議の中で、天皇代替わり・象徴天皇制の問題、明治一五〇年記念行事を通じたイデオロギー攻撃の対応に、わだつみ会としての闘いの方向を明らかにすべきだとの意見が多数表明された。常任理事会から「天皇制と明治一五〇年問題への取り組みは重要であり、今後、常任理事会・理事会で内容を詰めていきたいとして、事業計画に補充することとした。

一会員から「わだつみ会も記念館も含めて、終末をきちんとしなければならないという気持ちが強い。」との意見もあったが、わだつみ会には多くの入会者もあり、わだつみ会は闘い続けていくために事務局体制の充実をはかることとした。「運営の合理化」については論議不足であり削除することになった。

以上の審議の後、採決に入り賛成多数で承認された。

第四号議案二〇一八・一九年度予算案」

予算案が提案され、全員一致で承認された。

第五号議案　役員（理事・監事）の選出

二二人の理事が全員一致で選任された

愛場譲嗣、青木秀男、石井　力、伊賀正浩、井室美代子、内田雅敏、岡田裕之、岡安茂祐、奥田豊己、冠木克彦、杉本徳久、平良宗潤、高橋武智、高野邦夫、田口裕史、永島　昇、永野　仁、平野英雄、本田方子、松浦　勉、安川寿之輔、渡辺総子

二人の監事が全員一致で選任された

田代美江子、増田望。

引き続き、選出された理事で互選を行い、常任理事が選出され、総会に提案された。賛成多数で承認された。

理事長・高橋武智、事務局長・永島昇、

副理事長・石井力、永野仁、平野英雄、

常任理事・愛場謙嗣、井室美代子、高野邦夫

その他の議案

「きけわだつみのこえ」新版の改定について意見があり、今後は理事会で報告を受け検討することとした。

二〇一八―一九年度　事業計画（活動方針）

わだつみ会は戦後、「逆コース」の中で、朝鮮戦争が勃発する二ヶ月前の一九五〇年四月に遺族、文化人、学生・生徒を主体として創立された。同年七月には警察予備隊が創設され、二年後に保安隊に、そして一九五四年に自衛隊となった。わだつみ会は徴兵制反対の署名運動を展開し再軍備と改憲に反対して闘った。

そして今、安倍政権は集団的自衛権を目指す「安保法制」制定し、「自衛隊を憲法に明記」などの憲法改悪で平和憲法を破壊しようとしている。我々は微力であるが闘っていきたい。

（情勢報告部分は省略）

［天皇代替わり・明治一五〇年との闘い、不戦平和と護憲の闘いを］

明仁天皇による「生前退位放送」が行なわれ、安倍政権による生前退位の承認と天皇代替わり行事が決定された。天皇の退位と、新天皇の即位、そして大嘗祭が予定されている。その一連の行事を通じて、象徴天皇制の強化と神権天皇制の持ち込みが進められる危険性が強い。

わだつみ会は一九八八年に声明「幾千万戦争犠牲者の声に聴きつつ」を発表し、内外幾千万戦争犠牲者の声に耳を傾けつつ、この人々に対する天皇と日本国家と指導者の戦争・戦後責任を屈することなく問いつづける決意」を声明した。そして、昭和天皇の国葬について、「幾千万戦争犠牲者の声に聴きつつ再び声明する」を発表して、「内外の戦争犠牲者に対し謝罪も償いもせず国葬を決定した政府」を批判し、「国葬を認めない旨を内外に広く」声明し、国葬の中止を要求した。

わだつみ会は規約の中で、「本会は再び戦争の悲劇を繰り返さないため、戦没学生を記念することを契機とし、戦争を体験した世代とその体験を持たない世代の交流、協力を通して戦争責任を問い続け、平和に寄与することを目的とする」としている。

常任理事会、理事会の中での論議、八・一五集会等を通じて、「天皇の代替り」についてのわだつみ会の方針を練り上げ論議し、わだつみ会としての声明を発表したい。機関誌「わだつみのこえ」で論議を進めていきたい。

政府は「明治一五〇年」を宣伝し、明治期に作られた絶対主義君主制と、朝鮮・中国などアジア諸国への侵略を美化しようとしている。日清・日露戦争を美化し、絶対主義天皇制が国民の生存権や自由と、言論の自由を奪い、国民を戦争に動員していったことを徹底して暴露していかなくてはならない。
日米両政府は、アジア・太平洋戦争の最高責任者としての昭和天皇の戦争責任を免罪し、天皇自身も戦争責任を「言葉のあや」として回避した。このことが、今日に至るまで、政府・右翼論者の歴史修正主義の根源となっている

安倍政権は、憲法九条二項に自衛隊を書き加え、緊急事態条項の新設をするなどの憲法改悪を進めようとしている。我々は憲法改悪に反対する。改憲反対の闘いに参加していきたい。

以上の観点を改めて確認しつつ、八・一五集会、一二・一集会を準備していきたい。

［機関誌「わだつみのこえ」を強化して魅力的に］

機関誌を、できるだけわだつみ会の課題となる「特集」の原稿を中心としていきたい。そのためにも、会員の活動の一つとして、会員の皆様の抱えている不戦・平和の課題を機関誌のなかに「言語表現」をもって具体化していきたい。

特集論文を中心にして、よき執筆者を開拓し獲得して機関誌の魅力をだす。戦争体験を掘り起こす。

教育勅語教育と道徳教育、日の丸君が代の強制、教育への自衛隊の介入など教育問題、戦争法裁判など会員が取り組んでいる闘いを紙面に反映する。

若手研究者・活動家、学生・生徒の投稿によって、若者の感覚と息吹を「わだつみのこえ」にも反映させる。

岩波文庫『きけわだつみのこえ』の読者拡大をはかる。

表紙の工夫など、読みやすさなどを工夫する。

［新会員の獲得と組織の活性化］

二〇一五年の入会者二人を加え、現在までに二五人が入会した。今期も、積極的に会員を拡大していきたい。

機関誌の定期購読者を拡大し、財政的基盤を確保するには、まず「誌友」を倍増し一〇〇人に拡大する。

関西わだつみ会、北海道での会員懇談など地域での活動を強めて組織を活性化したい。

［「わだつみのこえ」発刊六〇周年の記念行事］

一九五九年十一月に創刊号を発行以来、二〇一九年十一月に六〇周年となる。それを記念して特別号を発行する。「わだつみのこえ」一〇〇号を参考にして検討する。

特別号の概略としては、機関誌の目次、いくつかの主要論文の再掲載、会員からのメッセージ、友人からのお祝いメッセージ等を検討する。

表紙のビラの解説

対日本向けアメリカ軍の相手国民・兵士の戦意喪失を目的として散布する宣伝ビラを伝単という。ふつうB29などで投下されたビラは、Ｂ６版など四角い印刷物で、単色カラー印刷が多い。表紙に載せたフルカラー（両面）の桐の葉の形をしたビラは珍しい。空襲やその月日を予告したビラ（伝単）がよく投下された。

［桐一葉］

桐一葉《きりひとは》
落《お》つるは軍権必滅《ぐんけんひつめつ》の凶兆《きょうちょう》なり
散《ち》りて悲哀《ひあい》と不運《ふうん》ぞ積《つも》るのみ

「桐一葉落ちて天下の秋を知る」にちなみ、軍部の滅亡を予感させるビラである。

［春再び］

春再《はるふた》び来《きた》る前《さき》、降《ふ》るアメリカの
爆弾《ばくだん》は、梧桐《きり》の揺落《えうらく》する如《ごと》く、
悲運《ひうん》と不幸《ふかう》を来《きた》すべし

桐一葉
落つるは軍権必滅の凶兆なり
散りて悲哀と不運ぞ積るのみ

春再び来る前、降るアメリカの
爆弾は、梧桐の揺落する如く、
悲運と不幸を来すべし

対日向け宣伝ビラは、おもにアメリカ戦時情報局（ＯＷＩ）が制作した。

この「桐の葉」の形のビラは、元アメリカ軍将兵の方から頂いたものである。

【対日本向け米軍伝単を集めたブログがあります】
主に太平洋戦争中、アメリカ軍・連合軍が日本本土・日本軍に投下した伝単（宣伝・謀略ビラ）を紹介するだけのbotです。
制作者→@ragemax
電子書籍もあります→http://goo.gl/J1vx6h

編集後記

■政治・社会状況が深刻化は増しつつあるなか、『わだつみのこえ』は、「わだつみ通信」とともに会員の不戦平和の意思を表明できる論考の「場」です。特集や企画についてのお考えやご意見がありましたら編集部へ、皆様のご協力を期待しております。

前号からアテネ出版社から発売するようになり、書店やアマゾン等で容易に購入できるようになっております。会員の皆さん、どうか友人・知人の皆さんに購読を積極的にすすめてくださるようにお願いいたします。また、ご自分のお近くの図書館に備えていただけるように配慮の努力を願っております。それらのことは、新しい会員の拡大とつながり、わだつみ会の基盤を固めてくれます。

（平野英雄）

■新シリーズ「戦争の記憶と向き合う若者たち」は「わだつみのこえ」を未来につなぐ一つの試みである。今号には新井さんの論評を掲載できた。この積み重ねがわだつみ会に新しい波を作ってくれることを期待している。

林尹夫さんが偵察飛行に出撃した奈良県天理の柳原飛行場で戦争責任を追及し平和のために闘っておられる高野眞幸さんから投稿をいただいた。

「昭和天皇の戦争責任と日本人の加害責任認識の欠如」は、大阪の平和博物館「ピースおおさか」の反動的リニューアルと闘う仲間である野崎朋子さんからの投稿である。方正友好交流の会の機関誌編集長大類善啓さんの許可を得て転載させていただいた。

（永島　昇）

■沖縄返還40周年記念式典で、翁長雄志県知事は、米軍基地の8割が沖縄県に集中している現状に触れ、いまでも沖縄県民が、「憲法九条に違反する」米軍の全面的な支配下にあることを述べた。わだつみ会は、「憲法に対する国民の理解促進のため」と称して、着々憲法改悪政策を強行している安倍内閣に強く抵抗する。

（石井　力）

●事務局より
＊当面、電話での連絡は080・4706・8071宛てにお願いいたします。
＊メールは「minfo @ ymobile.ne.jp」宛てにお願いいたします。

わだつみのこえ　第148号

発行日　2018年7月18日　本体価格：1000円

編集・発行　日本戦没学生記念会（わだつみ会）

〒113-0033 東京都文京区本郷5-29-13 赤門アビタシオン1階
電話・FAX 03-3815-8071　郵便振替 00170-0-161293
http://www.wadatsumikai.org　info@wadatsumikai.org

発　売　アテネ出版社

〒101-0061　東京都千代田区三崎町2-11-13-301
電話03-3239-7466　fax03-3239-7468
http://www.atene-co.com　info@atene-co.com
ISBN978-4-908342-42-4 C0036